グループで 楽しく学ぼう！ 韓国話

朴美子／崔柜嵐

朝日出版社

―――― グループで楽しく学ぼう！ 韓国語 2 URL ――――
(音声・その他)

https://text.asahipress.com/free/korean/grukan2/index.html

は じ め に

　このテキストは、『グループで楽しく学ぼう！韓国語』（初級）の次のステップとして
作られたものです。初級韓国語を学習した人であれば、気軽にはじめることができます。
　初級ではすべてを学習できなかったかもしれない学生のために、初級で扱った13課か
ら15課までの文法をここでさらに扱いました。無論、文法説明に取り上げた単語や例文
はすべて違うので初級テキストの復習にも繋がると思います。
　1年間このテキストでしっかり勉強して「TOPIK（韓国語能力試験）Ⅰ」に挑戦しましょう！

【本文】は韓国に留学した日本人学生（マキ）が日韓の社会や文化の相違に戸惑いながら、
　少しずつ異文化を体験していく内容です。本文は会話形式で、日常生活で使える表現
　を多く含んでいます。単語を入れ替えて繰り返し練習することで表現が自然と身につ
　くように工夫されているので、本文を活用して会話の練習をしましょう！

【学習ポイント】で学んだ文法と文章（例文）は、【グループで練習】で覚えられるように
　構成されており、みなさん一人一人がリーダーになって楽しく学習できます。文章は
　短文なので繰り返し練習することで文法と一緒に暗記できます。

【レベルアップ】では、学習した文法を利用した問題を解くことで学んだ内容が確認で
　きます。また、前の課で出てきた文法も多いので復習しながらのレベルアップが期待
　できます。

【クイズ】では、その課に関連のある単語を用いるので語彙を増やす勉強もできる上、
　気分転換にもなります。

【レベルアップ＆クイズの単語】は、【レベルアップ】と【クイズ】に出てくる単語を中
　心に集めました。語彙を増やしながら学習しましょう。

　このように、本テキストでは、たくさん書いて、たくさん解いて、たくさん読んで話
すことに重点を置きました。また、テキストの巻末にある「付録」を活用していただけ
ればさらに学習効果もアップすることと思います。
　「継続は力なり」ということわざがあるように、このテキストと共に韓国語を楽しく
学習して行きましょう！
　最後に、出版を快諾し、惜しまない協力および編集をしてくださった朝日出版社の
方々、特に山田敏之氏に心より厚くお礼を申し上げます。

2021年9月　著者一同

目　次

付録

装丁・イラストー明昌堂

グループで 楽しく学ぼう！ 韓国語 2

キム・チョルス

韓国人の男子学生

クマモトマキ

日本人の女子学生

제 **일** 과

지금 어디예요?

철수 : 마키 씨, 지금 어디예요?

마키 : 인천공항에 막 **도착해서** 짐을
　　　 찾고 있어요.

철수 : 그래요? 그럼 짐을 **찾아서** 9번
　　　 출구로 **나오세요.**

마키 : 알겠어요. 그런데, 짐이 **많아서**
　　　 시간이 좀 걸리겠어요.

철수 : 괜찮아요. 천천히 **나오세요.**

＊本文の日本語訳を完成してみましょう!!

チョルス : マキさん、＿＿＿＿＿＿＿＿＿＿＿。

マ　　キ : 仁川空港にたった今到着して＿＿＿＿
　　　　　 ＿＿＿＿＿＿＿＿＿＿＿＿＿＿＿＿。

チョルス : そうですか。では、＿＿＿＿＿＿＿
　　　　　 ９番出口から出て来てください。

マ　　キ : 分かりました。ところで、＿＿＿＿＿
　　　　　 時間が少しかかります。

チョルス : 大丈夫です。＿＿＿＿＿＿＿＿＿。

● 本文の　　　　で塗った単語を①〜③までの単語にそれぞれ入れ替えて会話の練習をしてみましょう。

本文	인천 (仁川)	^구9	좀 (少し)
①	김해 (金海)	^칠7	조금 (少し)
②	대구 (大邱)	^오5	꽤 (かなり)
③	김포 (金浦)	^이2	많이 (多く)

本文の単語

□ 지금 (今)

□ 인천공항 [인천공앙] (仁川空港)

□ 도착하다 [도차카다] (到着する、着く)

□ 그래요? (そうですか)

□ −번 (〜番)

□ 나오다 (出てくる)

□ 그런데 (ところで、ところが)

□ 좀 (少し)

□ 괜찮다 [괜찬타] (大丈夫だ)

□ 어디 (どこ)

□ 막 (たった今)

□ 짐을 찾다 [지믈 찬따] (荷物を受け取る)

□ 그럼 (では、それでは)

□ 출구 (出口)

□ 알겠어요 [알게써요] (分かりました)

□ 짐이 많다 [지미 만타] (荷物が多い)

□ 천천히 [천처니] (ゆっくり)

□ 시간이 걸리다 [시가니 걸리다] (時間がかかる)

学習ポイント

1-1 －고 있다 （～している）

用言の語幹に付いて動作や状態の進行、または継続を表します。

- 오다 （来る）　　　－오고 있어요　　　－오고 있습니다
- 먹다 （食べる）　　－먹고 있어요　　　－먹고 있습니다
- 잘살다 （元気で暮らす）－잘살고 있어요　－잘살고 있습니다

- 지금 뭐 하고 있어요?
- 친구를 기다리고 있습니다.
- 도서관에서 공부하고 있어요.

1-2 －(으)시 （～なさる、お～になる、～でいらっしゃる）

用言の語幹に付いて尊敬の意を表します。

母音語幹の場合「－시」	보다 （見る）	－보십니다	－보세요
	바쁘다 （忙しい）	－바쁘십니다	－바쁘세요
子音語幹の場合「－으시」	받다 （もらう）	－받으십니다	－받으세요
	젊다 （若い）	－젊으십니다	－젊으세요
ㄹ語幹の場合「－시」（ㄹ脱落）	살다 （住む）	－사십니다	－사세요
	열다 （開ける）	－여십니다	－여세요
体言の場合「－(이)시」	주부이다 （主婦だ）	－주부십니다	－주부세요
	선생님이다 （先生だ）	－선생님이십니다	－선생님이세요

＊身内の目上に対しても尊敬語（絶対尊敬語）を使います。また、日本語に「食べる→召し上がる」などがあるように、特殊な尊敬語が多くあります。(p101参照)

- 부모님께서는 건강하십니다.
- 요즘 어떻게 지내세요?
- 무슨 요리를 만드십니까?
- 김철수 선생님이십니까?

1-3 – 아/어서 (〜て、〜くて、〜ので)

用言の語幹に付いて、動作や時間の前後関係、または原因・理由・根拠を表します。「해요体」の形をとります（p98参照）。ここの「-아/어」は連用形なので注意しましょう。

- 말하다 (話す)   – 말해요   – 말해서
- 버리다 (捨てる)   – 버려요   – 버려서
- 찾다 (探す)   – 찾아요   – 찾아서
- 넓다 (広い)   – 넓어요   – 넓어서

- 집에 가서 저녁을 먹어요.
- 늦어서 미안합니다.
- 시간이 있어서 쇼핑을 했어요.

1-4 – (으)세요 (〜してください、〜しなさい)

用言の語幹に付いて丁寧な命令（指示）・要求を表します。用言の語幹の後に「-지 마세요（〜しないでください）」が来ると禁止を表す表現になります。

	基本形	丁寧な命令 – (으)세요 (〜してください)	禁止 –지 마세요 (〜しないください)
母音語幹	가다 (行く)	가세요	가지 마세요
	남기다 (残す)	남기세요	남기지 마세요
子音語幹	앉다 (座る)	앉으세요	앉지 마세요
	웃다 (笑う)	웃으세요	웃지 마세요
ㄹ語幹 (ㄹ脱落)	졸다 (居眠りする)	조세요	졸지 마세요
	울다 (泣く)	우세요	울지 마세요

- 한국 드라마를 보세요.
- 여기에 앉으세요.
- 수업 시간에 졸지 마세요.

グループで練習

3　一人（リーダー）が色を塗った部分を韓国語訳して言い、それに続いてみんなが一文全体を韓国語訳して復唱しましょう。日本語だけで韓国語がすらすら言えるように何回も繰り返し練習し、練習が終了したら各自覚えた文章を書いてみましょう。

① 시간이 있어서　　時間があるのでショッピングをしました。
　늦어서　　　　　　遅れてすみません。
　집에 가서　　　　家に帰って夕飯を食べます。

② 어떻게 지내세요?　　この頃いかがお過ごしでしょうか。
　건강하십니다.　　　ご両親は元気でおられます。
　이십니까?　　　　　金チョルス先生でいらっしゃいますか。

③ 앉으세요.　　ここに座ってください。
　졸지 마세요.　授業の時間に居眠りしないでください。
　보세요.　　　韓国ドラマを見てください。

④ 하고 있어요?　　　今何をしていますか。
　공부하고 있어요.　図書館で勉強しています。
　기다리고 있습니다.　友達を待っています。

レベルアップ

1. 絵を見て「-고 있어요 (〜しています)」の文に直し、質問に答えてみましょう。

① 음악을 듣다　② 사진을 찍다　③ 아르바이트를 하다　④ 한국어를 배우다

(質問) 지금 뭐 하고 있어요? (今何をしていますか)

(答え) ① _____

② _____

③ _____

④ _____

2. 「-아/어서」を使って文を完成しましょう。

① 길이 막히다 / 전철로 왔어요

→ _____

② 비가 오다 / 집에 있어요

→ _____

③ 줄을 서다 / 기다리세요

→ _____

④ 날씨가 좋다 / 등산을 갔어요

→ _____

3. 「-(으)세요」を使って文を完成しましょう。

① 커피 / 주다

→ _____

② 주소 / 적다

→ _____

③ 의자 / 앉다

→ _____

④ 창문 / 열다

→ _____

4. 次の文を韓国語に訳してみましょう。

① 毎朝一時間ジョギングをしています。

→ _____

② 大丈夫です。心配しないでください。

→ _____

③ ここにゴミを捨てないでください。ゴミ箱に捨ててください。

→ _____

④ 肉だけ食べないでください。野菜も食べてください。

→ _____

⑤ 何時に起きられますか。

→ _____

⑥ 崔先生はいらっしゃいますか。

→ _____

Ｑ クイズ　무엇일까〜요?　맞혀보세요. (何でしょうか。当ててみましょう)

a) 탑승수속　　b) 인천국제공항　　c) 비행기　　d) 입국심사
e) 비상구　　　f) 탑승권　　　g) 좌석

1）韓国仁川広域市にある国際空港。干潟を埋め立てて2001年3月29日開港した、アジア最大級のハブ空港。
2）人が乗って空中を飛ぶ乗物。
3）航空機の搭乗券を受け取るための手続き。英語でチェックインと呼ばれます。
4）座るための場所。英語でシートと呼ばれます。
5）人が異なる国に入るために空港で受ける審査。

レベルアップ&クイズの単語

☐ 음악을 듣다 (音楽を聞く)

☐ 사진을 찍다 (写真を撮る)

☐ 배우다 (習う)

☐ 길이 막히다 (道が混む、渋滞する)

☐ 비가 오다 (雨が降る)

☐ 집에 있다 (家にいる)

☐ 줄을 서다 (並ぶ)

☐ 기다리다 (待つ)

☐ 날씨가 좋다 (天気が良い)

☐ 등산을 가다 (登山に行く)

☐ 커피 (コーヒー)

☐ 주다 (あげる、くれる)

☐ 주소 (住所)

☐ 적다 (書く、書き込む)

☐ 의자 (椅子)

☐ 앉다 (座る)

☐ 창문 (窓)

☐ 열다 (開ける)

☐ 매일 (毎日)

☐ 아침 (朝)

☐ 한 시간 (一時間)

☐ 조깅을 하다 (ジョギングをする)

☐ 괜찮다 (大丈夫だ)

☐ 걱정하다 (心配する)

☐ 쓰레기 (ゴミ)

☐ 버리다 (捨てる)

☐ 쓰레기통 (ゴミ箱)

☐ 고기 (肉)

☐ -만 (〜だけ、〜のみ)

☐ 먹다 (食べる)

☐ 야채 (野菜)

☐ 몇 시 (何時)

☐ 일어나다 (起きる)

☐ 선생님 (先生)

☐ 계시다 (いらっしゃる)

☐ 무엇 (何)

☐ -일까요? (〜でしょうか)

☐ 맞혀보다 (当ててみる)

☐ 탑승수속 (搭乗手続き)

☐ 인천국제공항 (仁川国際空港)

☐ 비행기 (飛行機)

☐ 입국심사 (入国審査)

☐ 비상구 (非常口)

☐ 탑승권 (搭乗券)

☐ 좌석 (座席)

제 **이**과

아주 마음에 들어요.

철수 : 새로 이사 **간** 하숙집은 어때요?

마키 : 주인아주머니도 친절하시고 아주

　　　마음에 들어요.

철수 : 그래요? 정말 잘됐네요.

마키 : **지난** 주말에는 아주머니랑 시장에 가서

　　　구경도 하고 장도 보고 참 재미있었어

　　　요.

＊本文の日本語訳を完成してみましょう!!

チョルス：新しく＿＿＿＿＿＿下宿はどうですか。

マ　　キ：大家さんも親切で、＿＿＿＿＿＿＿。

チョルス：そうですか。＿＿＿＿＿＿＿＿＿。

マ　　キ：先週末にはおばさんと市場に行って、

　　　　　見物もし買い物もして、＿＿＿＿＿

　　　　　＿＿＿＿＿＿＿＿＿＿＿＿＿＿。

● 本文の　　　で塗った単語を①～③までの単語にそれぞれ入れ替えて会話の練習をしてみましょう。

本文	친절하시고 (親切で)	잘됐네요 (良かったですね)	재미있었어요 (面白かったです)
①	재미있으시고 (面白く)	다행이네요 (幸いですね)	즐거웠어요 (楽しかったです)
②	착하시고 (優しく)	고맙네요 (ありがたいですね)	행복했어요 (幸せでした)
③	상냥하시고 (にこやかで)	안심이네요 (安心ですね)	좋았어요 (良かったです)

本文の単語

- □ 새로 (新しく、新たに)
- □ 하숙집 [하숙찝] (下宿、下宿先)
- □ 주인아주머니 (大家さん)
- □ 아주 (とても)
- □ 정말 (とても、本当に)
- □ 지나다 (すぎる)
- □ 아주머니 (おばさん)
- □ 구경 (을) 하다 (見物する)
- □ 참 (とても)

- □ 이사 (를) 가다 (引っ越しする)
- □ 어때요? (どうですか)
- □ 친절하다 [친저라다] (親切だ)
- □ 마음에 들다 [마으메 들다] (気に入る)
- □ 잘됐네요 [잘됀네요] (良かったですね)
- □ 주말 (週末)
- □ 시장 (市場)
- □ 장을 보다 ([市場へ行って] 買い物をする)
- □ 재미있다 [재미읻따] (面白い)

学習ポイント

2-1 연체형 (連体形)

> 用言（動詞、形容詞）、存在詞（있다/없다）、指定詞（이다/아니다）が体言を修飾する形を表します。

〈用言の連体形の活用〉

時制 ＼ 品詞		パッチム	動詞	存在詞	形容詞・指定詞
現在 (持続)		無	는	는	ㄴ
		有			은
過去	近い過去	無	ㄴ	던(었던)	던(았/었던)
		有	은		
	遠い過去・過去回想	無	던(았/었던)		
		有			
未来 (推測)		無	ㄹ	을	ㄹ
		有	을		을

*動詞未来連体形の練習には動詞の前に「今から、これから」を入れて練習しましょう！また、ㄹ語幹の場合はㄹ脱落するので注意しましょう。変則用言の連体形は付録（p102）を参照してください。

1. 動詞の場合

①現在連体形

가다 + 사람　　　　　→ 가는 사람 (行く人、行っている人)

읽다 + 책　　　　　　→ 읽는 책 (読む本、読んでいる本)

만들다 + 요리　　　　→ 만드는 요리 (作る料理、作っている料理) ＊ㄹ脱落

②過去連体形（近い／遠い）

가다 + 바다　　　　　→ 간 / 가던 (갔던) 바다 (行った海)

읽다 + 책　　　　　　→ 읽은 / 읽던 (읽었던) 책 (読んだ本)

만들다 + 요리　　　　→ 만든/ 만들던 (만들었던) 요리 (作った料理)

③未来連体形

가다 + 나라　　　　　→ 갈 나라 (行く国、行くつもりの国)

읽다 + 책　　　　　　→ 읽을 책 (読む本、読むつもりの本)

만들다 + 요리　　　　→ 만들 요리 (作る料理、作るつもりの料理) ＊ㄹ脱落

- 이 노래는 제가 좋아하는 노래예요.
- 어제 만난 친구는 학교 동창이에요.
- 3년 전에 한국에 갔던 사람은 누구예요?
- 영화를 볼 시간이 없어요.

2．存在詞の場合

①現在連体形

맛있다 ＋ 빵 → 맛있는 빵 (美味しいパン)

재미있다 ＋ 게임 → 재미있는 게임 (面白いゲーム)

없다 ＋ 재산 → 없는 재산 (ない財産)

②過去連体形

맛있다 ＋ 과자 → 맛있던 (맛있었던) 과자 (美味しかったお菓子)

재미있다 ＋ 게임 → 재미있던 (재미있었던) 게임 (面白かったゲーム)

없다 ＋ 재산 → 없던 (없었던) 재산 (なかった財産)

＊「재미있다」などの「있다」「없다」を含む言葉は練習のために存在詞に入れました。

- 여유가 없는 생활은 재미없어요.
- 오늘 저녁에는 집에 있을 예정이에요.
- 책상 위에 있던 스마트폰은 제 거였어요.
- 지금까지 없었던 신메뉴가 추가됐어요.

3．形容詞・指定詞の場合

①現在連体形

좋다 ＋ 날씨 → 좋은 날씨 (良い天気)

간단하다 ＋ 질문 → 간단한 질문 (易しい質問)

드물다 ＋ 사건 → 드문 사건 (まれな事件)

휴가 중이다 ＋ 선생님 → 휴가 중인 선생님 (休暇中である先生)

②過去連体形

좋다 ＋ 날씨 → 좋던 (좋았던) 날씨 (良かった天気)

간단하다 ＋ 문제 → 간단하던 (간단했던) 문제 (易しかった問題)

드물다 ＋ 사건 → 드물던 (드물었던) 사건 (まれだった事件)

휴가 중이다 ＋ 선생님 → 휴가 중이던 (휴가 중이었던) 선생님 (休暇中だった先生)

- 친한 친구는 오사카에 살고 있어요.
- 오늘도 좋은 하루 되세요.
- 더럽던 방을 청소해서 지금은 깨끗해요.
- 대학생이던 남동생이 올해 졸업을 해요.
- 지금은 손님이 많을 때예요.

＊〜する時：現在と未来には「-ㄹ/을 때」を、過去には「-았/었을 때」を使います。

グループで練習

6 　一人（リーダー）が色を塗った部分を韓国語訳して言い、それに続いてみんなが一文全体を韓国語訳して復唱しましょう。日本語だけで韓国語がすらすら言えるように何回も繰り返し練習し、練習が終了したら各自覚えた文章を書いてみましょう。

---

① 좋은 하루　　　今日も良い一日でありますように。

　 없는 생활　　　余裕のない生活は面白くありません。

　 좋아하는 노래　この歌は私の好きな歌です。

---

② 대학생이던　　　大学生だった弟が今年卒業します。

　 없었던 신메뉴　これまでなかった新しいメニューが追加されました。

　 만난 친구　　　昨日会った友達は学校の同級生です。

---

③ 있을 예정　　　今日の夕方には家にいる予定です。

　 많을 때　　　　今はお客さんが多い時です。

　 볼 시간　　　　映画を見る時間がありません。

---

④ 책상 위에 있던　机の上にあったスマートフォンは私のものでした。

　 친한 친구　　　親しい友達は大阪に住んでいます。

　 갔던 사람　　　3年前に韓国に行った人は誰ですか。

1. 現在・過去・未来の連体形を作ってみましょう。

基本形	現在連体形	過去連体形		未来連体形
① 하다 (する)			( )	
② 찾다 (探す)			( )	
③ 열다 (開ける)			( )	
④ 멋있다 (格好いい)		( )		
⑤ 멀다 (遠い)		( )		
⑥ 비싸다 (高い)		( )		
⑦ 많다 (多い)		( )		
⑧ 어렵다 (難しい)*		( )		
⑨ 휴일이다 (休日だ)		( )		

＊「ㅂ」変則に注意しましょう（p100参照）。

2. 現在連体形を使って해요体の文を完成させましょう。

① 신나다 / 노래 / 좋다

　　→ _____

② 찾다 / 물건 / 없다

　　→ _____

③ 넓다 / 방 / 살고 싶다

　　→ _____

④ 맵지 않다 / 라면 / 좋아하다

　　→ _____

3. _____部分を適切な韓国語に訳して文を完成しましょう。

① 한국에 <u>知っている人</u>이 있어요? （알다 / 사람）

　　→ _____

② <u>暑い夏</u>에는 팥빙수가 최고예요. （덥다 / 여름）

　　→ _____

③ 어제 <u>見た映画</u>는 재미있었어요? (보다 / 영화)
   → _____

④ 겨울에 <u>着る服</u>이 하나도 없어요. (입다 / 옷)
   → _____

4. 次の文を韓国語に訳してみましょう。

① タクシー乗り場はどこですか。

   → _____

② 毎朝温かい水をコップ一杯飲みます。

   → _____

③ 来週友達の誕生日パーティーに行く約束をしました。

   → _____

④ 明日運動会の時、準備するものは何ですか。

   → _____

Q クイズ 무엇일까～요?　맞혀보세요. (何でしょうか。当ててみましょう)

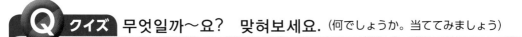

  a) 기숙사　　b) 보증금　　c) 부동산 중개사　　d) 원룸
  e) 월세　　　f) 자취　　　g) 계약

1) 1人暮らしに合うように作られた間仕切りがないタイプの一部屋。
2) 部屋探しの時に家主との仲介を専門とする業者。
3) 月々の家賃。
4) 学生や社員などに安い価格で住居を提供する建物。寮ともいう。
5) 取引をする際、責任を持つことのあかしとして相手方に渡す金銭。

□ 신나다 (浮かれる)　　□ 최고 (最高)　　□ 다음 주 (来週)

□ 노래 (歌)　　□ 어제 (昨日)　　□ 생일파티 (誕生日パーティー)

□ 좋다 (良い)　　□ 보다 (見る)　　□ 가다 (行く)

□ 찾다 (探す)　　□ 영화 (映画)　　□ 약속 (約束)

□ 물건 (品物、物)　　□ 재미있다 (面白い)　　□ 내일 (明日)

□ 없다 (ない、いない)　　□ 겨울 (冬)　　□ 운동회 (運動会)

□ 넓다 (広い)　　□ 입다 (着る)　　□ −때 (〜とき)

□ 방 (部屋)　　□ 옷 (服)　　□ 준비하다 (準備する)

□ 살고 싶다 (住みたい)　　□ 하나도 (一つも)　　□ 것 (もの)

□ 맵다 (辛い)　　□ 택시 (タクシー)　　□ 뭐 (何)

□ 라면 (ラーメン)　　□ 타다 (乗る)　　□ 기숙사 (寮)

□ 좋아하다 (好きだ)　　□ 곳 (所、場所)　　□ 보증금 (保証金)

□ 한국 (韓国)　　□ 어디 (どこ)　　□ 부동산 중개사 (不動産仲介者)

□ 알다 (知る、分かる)　　□ 매일 아침 (毎朝)

□ 사람 (人)　　□ 따뜻하다 (暖かい、温かい)　　□ 원룸 (ワンルーム)

□ 덥다 (暑い)　　□ 물 (水)　　□ 월세 (家賃)

□ 여름 (夏)　　□ 컵 (コップ)　　□ 자취 (自炊)

□ 팥빙수 (カキ氷)　　□ 한 잔 (一杯)　　□ 계약 (契約)

제 **삼** 과

그럼 내일 만납시다.

철수 : 통장이랑 교통카드 만들었어요?

마키 : 아뇨, 아직 **못 만들었어요.**
　　　어디서 **만들면 돼요?**

철수 : 음… 말로 **하면 복잡하니까** 내일
　　　같이 은행에 가서 만들까요?

마키 : 네, 좋아요. 그럼 내일 만납시다.

＊本文の日本語訳を完成してみましょう！！

チョルス：通帳と交通カードを作りましたか。

マ　　キ：いいえ、まだ＿＿＿＿＿＿＿＿。
　　　　　＿＿＿＿＿＿＿＿＿＿＿＿＿＿。

チョルス：うーん…＿＿＿＿＿＿＿、明日
　　　　　一緒に銀行に行って作りましょうか。

マ　　キ：はい、いいですね。
　　　　　では、＿＿＿＿＿＿＿＿＿＿。

● 本文の　　　　で塗った単語を①〜③までの単語にそれぞれ入れ替えて会話の練習をしてみましょう。

		내일 (明日)	만납시다 (会いましょう)
本文	이랑 (と)	**2** **1**	
①	하고 (と)	오늘 (今日) **1**	만나요 (会いましょう)
②	과 (と)	모레 (あさって) **3** **2** **1**	봅시다 (会いましょう)
③	하고 (と)	지금 (今) **1**	갑시다 (行きましょう)

本文の単語

- □ 통장 (通帳)
- □ 교통카드 (交通カード)
- □ 아직 (まだ)
- □ 말로 하면 (言葉で言えば)
- □ 내일 (明日)
- □ 은행 [으냉] (銀行)
- □ 좋다 [조타] (良い)

- □ - (이) 랑 (〜と)
- □ 만들다 (作る)
- □ 어디서 (どこで)
- □ 복잡하다 [복짜파다] (複雑だ)
- □ 같이 [가치] (一緒に)
- □ 가다 (行く)
- □ 만나다 (会う)

学習ポイント

3-1 －(으)면 （～たら、～れば、～と）

用言の語幹に付いて仮定を表します。体言の場合は「－(이)면」になります。

母音語幹の場合「－면」	잘하다 (よくできる)	－ 잘하면
	마시다 (飲む)	－ 마시면
子音語幹の場合「－으면」	닮다 (似る)	－ 닮으면
	즐겁다 (楽しい)*	－ 즐거우면
ㄹ語幹の場合「－면」	알다 (知る)	－ 알면
	얼다 (凍る)	－ 얼면
体言の場合「－(이)면」	선수이다 (選手だ)	－ 선수면
	공무원이다 (公務員だ)	－ 공무원이면

＊「ㅂ」変則に注意しましょう（p100参照）。

• 벚꽃이 피면 아름다워요.
• 웃으면 복이 와요.
• 마음에 들면 사세요.
• 감기면 집에서 쉬세요.

3-2 －(으)면 되다 （～すればよい、～するとよい）

用言の語幹に付いて提案や勧告を表します。

母音語幹の場合「－면 되다」	보다 (見る)	－ 보면 돼요	－ 보면 됩니다
	외우다 (覚える、暗記する)	－ 외우면 돼요	－ 외우면 됩니다
子音語幹の場合「－으면 되다」	맞다 (合う、正しい)	－ 맞으면 돼요	－ 맞으면 됩니다
	찍다 (撮る)	－ 찍으면 돼요	－ 찍으면 됩니다
ㄹ語幹の場合「－면 되다」	팔다 (売る)	－ 팔면 돼요	－ 팔면 됩니다
	흔들다 (振る、揺さぶる)	－ 흔들면 돼요	－ 흔들면 됩니다

• 어떻게 가면 돼요?
• 많이 먹으면 안 돼요.
• 부모님께 전화를 걸면 됩니다.

3-3 -(으)니까 (〜なので、〜だから)

用言の語幹に付いて理由や原因を表します。

母音語幹の場合 「-니까」	모자라다（足りない）	- 모자라니까
	보내다（送る）	- 보내니까
子音語幹の場合 「-으니까」	좋다（良い）	- 좋으니까
	어렵다（難しい）*	- 어려우니까
ㄹ語幹の場合（ㄹ脱落） 「-니까」	달다（甘い、吊るす）	- 다니까
	힘들다（大変だ、苦労する）	- 힘드니까
体言の場合 「-(이)니까」	딸기이다（イチゴだ）	- 딸기니까
	볼펜이다（ボールペンだ）	- 볼펜이니까

* 「ㅂ」変則に注意しましょう（p100参照）

- 비가 오니까 우산을 가지고 가세요.
- 한국 잡지가 있으니까 한번 보세요.
- 이 길은 잘 아니까 걱정하지 마세요.
- 중요한 서류니까 잘 간직하세요.

3-4 못-/-지 못하다 (〜できない)

動作の不可能を表します。「-(으)ㄹ 수 없다（〜できない）」と置き換えることができます（→P29学習ポイント4-3）。「못-」の発音の変化に注意しましょう（p102参照）。

前置き不可能	못 + 動詞（〜できない）
後置き不可能	動詞の語幹 + 지 못하다（〜できない）

사다（買う）	- 사요	- 못[몯] 사요	- 사지 못해요[모태요]
넘다（超える、超す）	- 넘어요	- 못[몯] 넘어요	- 넘지 못해요
들다（手に持つ）	- 들어요	- 못[몯] 들어요	- 들지 못해요
오다（来る）	- 와요	- 못[모] 와요[모 와요]	- 오지 못해요

- 술은 못 마셔요.
- 시간이 너무 늦어서 못 가요.
- 저는 일찍 일어나지 못해요.

グループで練習

9　一人（リーダー）が色を塗った部分を韓国語訳して言い、それに続いてみんなが一文全体を韓国語訳して復唱しましょう。日本語だけで韓国語がすらすら言えるように何回も繰り返し練習し、練習が終了したら各自覚えた文章を書いてみましょう。

① 안 돼요.　　　たくさん食べたらだめです。
돼요?　　　　どうやって行けばいいですか。
걸면 됩니다.　両親に電話をかければいいです。

② 비가 오니까　雨が降るので傘を持って行ってください。
잘 아니까　　この道はよく知っているので心配しないでください。
있으니까　　韓国の雑誌があるので一度見てください。

③ 못 가요.　　　　時間がとても遅いので行けません。
못 마셔요.　　　お酒は飲めません。
일어나지 못해요.　私は早く起きられません。

④ 피면　　　　　桜が咲くと美しいです。
마음에 들면　気に入ったら買ってください。
웃으면　　　　笑う門には福来る。

レベルアップ

1. 「-(으)면 -(으)세요 (～すれば～してください)」の文に直してみましょう。

① 급하다 / 택시로 가다

→ _____

② 양이 많다 / 남기다

→ _____

③ 바람이 불다 / 문을 닫다

→ _____

④ 감기 / 약을 먹다

→ _____

2. 「-(으)니까」を使って文を完成しましょう。

① 일찍 자다 / 일찍 일어나요

→ _____

② 영화가 재미있다 / 두 번 봤어요

→ _____

③ 설명이 길다 / 자꾸 잠이 와요

→ _____

④ 혼자서 살다 / 편해요

→ _____

3. 例のように不可能な表現を作ってみましょう。

> **例)** 한국에 가다 → 한국에 <u>가요</u>.
> (韓国に行く)   <u>못 가요</u>.
>   <u>가지 못해요</u>.

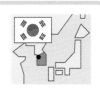

① 피아노를 치다 → 피아노를 _____

_____

_____

② 연필을 깎다 → 연필을 _____

_____

_____

③ 수영을 하다 → 수영을 _____

_____

_____

4. 次の文を韓国語に訳してみましょう。

① この公園の芝生に立ち入ることはできません。

→ _____

② お腹が空いたのでご飯を食べたいです。(「-(으)니까」を使うこと)

→ _____

③ ここで写真を撮ったらだめです。

→ _____

④ お金はどこで換えれば良いですか。

→ _____

⑤ 思い出したら話してください。

→ _____

⑥ 宿題が多いので遊ぶことができません。(「-(으)니까」を使うこと)

→ _____

Q クイズ 무엇일까~요? 맞혀보세요. (何でしょうか。当ててみましょう)

a) 명함카드   b) 충전카드   c) 할인카드   d) 신용카드
e) 직불카드   f) 플레잉카드

1) 預金口座にある残額内で、使う分だけ直接お金が出ていくような機能を持つカード。
2) 利用と同時に自分の銀行口座から利用額が引き落とされるカード。
3) チャージ機で、お金を払ってチャージするとバスなどに乗れるカード 。
4) 物品を購入し、あるいはサービスをしてもらう時に一定金額を安くしてくれるカード。
5) 人に知らせるために自分の名前や勤務先などを印刷した紙のカード。

レベルアップ&クイズの単語 Q 🎧10

□ 급하다 (急だ)
□ 택시 (タクシー)
□ 가다 (行く)
□ 양이 많다 (量が多い)
□ 남기다 (残す)
□ 바람이 불다 (風が吹く)
□ 문을 닫다 (ドアを閉める)
□ 감기 (風邪)
□ 약을 먹다 (薬を飲む)
□ 일찍 (早く)
□ 자다 (寝る)
□ 일어나다 (起きる)
□ 영화 (映画)
□ 재미있다 (面白い)
□ 두 번 (二回、二度)
□ 보다 (見る)
□ 설명 (説明)

□ 길다 (長い)
□ 자꾸 (しきりに、何度も)
□ 잠이 오다 (眠くなる、眠い)
□ 혼자서 (一人で)
□ 살다 (住む)
□ 편하다 (楽だ)
□ 피아노를 치다 (ピアノを弾く)
□ 연필 (鉛筆)
□ 깎다 (削る)
□ 수영 (을) 하다 (水泳をする)
□ 이 (この)
□ 공원 (公園)
□ 잔디 (芝生)
□ 들어가다 (立ち入る)
□ 배가 고프다 (お腹が空く)

□ 밥 (ご飯)
□ 먹다 (食べる)
□ 여기서 (ここで)
□ 사진을 찍다 (写真を撮る)
□ 돈을 바꾸다 (両替する)
□ 어디 (에) 서 (どこで)
□ 생각나다 (思い出す)
□ 말하다 (話す)
□ 숙제 (宿題)
□ 많다 (多い)
□ 놀다 (遊ぶ)
□ 명함카드 (名刺)
□ 충전카드 (チャージカード)
□ 할인카드 (割引カード)
□ 신용카드 (クレジットカード)
□ 직불카드 (デビットカード)
□ 플레잉카드 (トランプ)

제 **4** 과

어떻게 가면 돼요?

마키 : **명동에 가려고 하는데** 어떻게 가면
　　　돼요?

철수 : **지하철로** 가면 20분이면 **갈 수 있어요.**
　　　　　　　　　^{이십}

마키 : 한국에 와서 **지하철**을 타는 게
　　　이번이 처음이에요.

철수 : 그래요? 그럼 **가기 전에** 노선도를
　　　꼭 확인하세요.

＊本文の日本語訳を完成してみましょう!!

マ　　キ：明洞に＿＿＿＿＿＿＿＿＿＿＿＿、
　　　　　どうやって行けばいいですか。

チョルス：地下鉄で行けば20分で＿＿＿＿＿。

マ　　キ：＿＿＿＿＿＿＿＿＿＿地下鉄に乗るのは
　　　　　今回が初めてです。

チョルス：そうですか。それでは、＿＿＿＿＿
　　　　　路線図を必ず確認してください。

● 本文の　　　　　で塗った単語を①〜③までの単語にそれぞれ入れ替えて会話の練習をしてみましょう。

本文	**명동** (明洞)	**지하철** (地下鉄)	이십 **20분**
①	**남대문시장** (南大門市場)	**버스** (バス)	사십오 **45분**
②	**동대문시장** (東大門市場)	**전철** (電車)	삼십 **30분**
③	**인사동** (仁寺洞)	**마을버스** (コミュニティーバス)	십오 **15분**

本文の単語

- **명동** (明洞。ソウルの地名)
- **어떻게** [어떠케] (どうやって、どのように)
- **–(으)로** (〜で)
- **–(이)면** (〜なら)
- **타는 게** (乗ることが。「타는 것이」の縮約形)
- **처음** (初めて)
- **꼭** (必ず)

- **가다** (行く)
- **지하철** (地下鉄)
- **–분** (〜分)
- **오다** (来る)
- **이번** (今回、今度)
- **노선도** (路線図)
- **확인하다** [화기나다] (確認する)

学習ポイント

4-1 – (으)려고 (～しようと)

用言の語幹に付いて予定、意志、計画を表します。「-(으)려고 하다 (～しようと思う、～しようとする)」の形で使うことが多いです。

母音語幹の場合 「-려고」	사다 (買う)	– 사려고 해요	– 사려고 합니다
	배우다 (習う)	– 배우려고 해요	– 배우려고 합니다
子音語幹の場合 「-으려고」	잡다 (つかむ)	– 잡으려고 해요	– 잡으려고 합니다
	벗다 (脱ぐ)	– 벗으려고 해요	– 벗으려고 합니다
ㄹ語幹の場合 「-려고」	썰다 (切る)	– 썰려고 해요	– 썰려고 합니다
	불다 (吹く)	– 불려고 해요	– 불려고 합니다

- 올해는 한국어를 더 열심히 공부하려고 해요.
- 더워서 냉면을 먹으려고 합니다.
- 지금 막 전화를 걸려고 했어요.

4-2 – 는데 / – (으)ㄴ데 (～なんだが、～なんだけど)

用言の語幹や体言に付いて話題の状況や背景を説明する際に、婉曲的な言い回しをする時、あるいは逆説や期待はずれなことを言うときに使います。

動詞・存在詞の語幹	는데	닫다 (閉める) – 닫는데
		멋있다 (格好いい) – 멋있는데
形容詞の語幹	ㄴ/은데	싸다 (値段が安い) – 싼데
		같다 (同じだ) – 같은데
名詞	인데	가수이다 (歌手だ) – 가수인데
		방학이다 (休みだ) – 방학인데
過去時制	는데	괜찮다 (大丈夫だ) – 괜찮았다 – 괜찮았는데
		시키다 (注文する、させる) – 시켰다 – 시켰는데

- 마키 씨는 일본 사람인데 한국어를 아주 잘해요.
- 이 책은 재미있는데 좀 비싸요.
- 오전에는 바쁜데 오후에는 괜찮아요.

4-3 －(으)ㄹ 수 있다/없다 (～することができる/できない)

用言の語幹に付いて可能性、あるいは能力の有無を表します。

母音語幹の場合 「－ㄹ 수 있다/없다」	맛보다 (味わう)	－ 맛볼 수 있어요	－ 맛볼 수 없어요
	그리다 (描く)	－ 그릴 수 있어요	－ 그릴 수 없어요
子音語幹の場合 「－을 수 있다/없다」	참다 (我慢する)	－ 참을 수 있어요	－ 참을 수 없어요
	끊다 (止める)	－ 끊을 수 있어요	－ 끊을 수 없어요
ㄹ語幹の場合 (ㄹ脱落) 「－ㄹ 수 있다/없다」	날다 (飛ぶ)	－ 날 수 있어요	－ 날 수 없어요
	끌다 (引く)	－ 끌 수 있어요	－ 끌 수 없어요

- 동물원에 가면 판다를 볼 수 있어요?
- 영어 신문을 읽을 수 있어요.
- 이 옷은 물에 **빨** 수 없어요.

4-4 －기 전에 (～する前に)

用言の語幹に付いて動作・行為が時間的に前後することを表します。
反対表現に「－(으)ㄴ 후에 (～した後)」があります (→P12 学習ポイント 2-1、動詞の過去連体形)。

생각하다 (考える)	－ 생각하기 전에	－ 생각한 후에
빌리다 (借りる)	－ 빌리기 전에	－ 빌린 후에
닦다 (拭く、磨く)	－ 닦기 전에	－ 닦은 후에
빨다 (洗濯する、洗う)	－ **빨**기 전에	－ **빤** 후에

- 여행을 가기 전에 계획을 세워요.
- 밥을 먹기 전에 손을 씻어요.
- 청소를 한 후에 커피를 마셨어요.
- 은행에서 돈을 찾은 후에 편의점에 갔어요.

グループで練習

12 一人（リーダー）が色を塗った部分を韓国語訳して言い、それに続いてみんなが一文全体を韓国語訳して復唱しましょう。日本語だけで韓国語がすらすら言えるように何回も繰り返し練習し、練習が終了したら各自覚えた文章を書いてみましょう。

---

① 재미있는데　　　この本は面白いですが、少し高いです。

　일본 사람인데　　マキさんは日本人なのに韓国語がとても上手です。

　바쁜데　　　　　午前は忙しいですが午後は大丈夫です。

---

② 먹으려고 합니다.　暑いので冷麺を食べようと思います。

　걸려고 했어요.　　たった今電話をかけようと思いました。

　공부하려고 해요.　今年は韓国語をもっと熱心に勉強しようと思います。

---

③ 먹기 전에　　　　ご飯を食べる前に手を洗います。

　돈을 찾은 후에　　銀行でお金を下ろした後にコンビニへ行きました。

　가기 전에　　　　旅行に行く前に計画を立てます。

---

④ 읽을 수 있어요.　英字新聞を読むことができます。

　볼 수 있어요?　　動物園に行けばパンダが見られますか。

　빨 수 없어요.　　この服は水で洗うことができません。

レベルアップ

1. 「-(으)려고」を使って文を完成しましょう。

① 버스를 타다 / 기다리고 있어요

→ _____

② 계획을 세우다 / 수첩을 샀어요

→ _____

③ 책을 찾다 / 도서관에 가요

→ _____

④ 비빔밥을 만들다 / 요리책을 봤어요

→ _____

2. 「-는데 / (으)ㄴ데」を使って해요体の文を完成させましょう。

① 술은 마시다 / 담배는 안 피우다

→ _____

② 물건은 좋다 / 가격이 비싸다

→ _____

③ 고백하고 싶다 / 용기가 없다

→ _____

④ 예쁜 신발이다 / 좀 작다

→ _____

3. 「-(으)ㄹ 수 있다 / 없다」を使って해요体の文を完成させましょう。

① 기타를 치다. (○)

→ _____

② 자전거를 타다. (○)

→ _____

③ 약을 먹다. (×)

→ _____

④ 가방을 들다. (×)

→ _____

4. 「-기 전에」を使って文を完成しましょう。

① 자다 / 이를 닦아요

→ _____

② 늦다 / 빨리 갑시다

→ _____

③ 길을 건너다 / 좌우를 확인하세요.

→ _____

5. 次の文を韓国語に訳してみましょう。

① 食事をした後にコーヒーを飲みます。

→ _____

② この本は面白いですが、一日で全部読むことができません。

（「-는데/-(으)ㄴ데」を使うこと）

→ _____

③ 今日までに宿題を終わらせようと思います。

→ _____

Q クイズ 무엇일까～요? 맞혀보세요. (何でしょうか。当ててみましょう)

| a) 시내버스 | b) 시외버스 | c) 택시 | d) 전철 |
| e) 도보 | f) 관광버스 | g) 고속버스 | |

1) 多くの旅客を輸送するための乗り物で、主に市内を回ります。
2) お金をもらって旅客が望む目的地までに輸送する営業用の自動車。
3) 観光客のために運行する交通機関。
4) 多くの旅客を輸送するための乗り物で、主に市外を回ります。
5) 電気の動力を利用して線路の上を走る電動車。

レベルアップ&クイズの単語

13

- □ 버스를 타다 (バスに乗る)
- □ 기다리다 (待つ)
- □ 계획을 세우다 (計画を立てる)
- □ 수첩 (手帳)
- □ 사다 (買う)
- □ 책을 찾다 (本を探す)
- □ 도서관 (図書館)
- □ 가다 (行く)
- □ 비빔밥 (ビビンバ)
- □ 만들다 (作る)
- □ 요리책 (料理の本、レシピ本)
- □ 보다 (見る)
- □ 술 (酒)
- □ 마시다 (飲む)
- □ 담배 (タバコ)
- □ 피우다 (吸う)
- □ 물건 (品物、物)
- □ 좋다 (良い)
- □ 가격이 비싸다 (値段が高い)

- □ 고백하다 (告白する)
- □ 용기가 없다 (勇気がない)
- □ 예쁘다 (きれいだ)
- □ 신발 (くつ、履物)
- □ 작다 (小さい)
- □ 기타를 치다 (ギターを弾く)
- □ 자전거를 타다 (自転車に乗る)
- □ 약을 먹다 (薬を飲む)
- □ 가방 (カバン)
- □ 들다 (持つ)
- □ 자다 (寝る)
- □ 이를 닦다 (歯を磨く)
- □ 늦다 (遅い)
- □ 빨리 (速く)
- □ 길 (道)
- □ 건너다 (渡る)
- □ 좌우 (左右)
- □ 확인하다 (確認する)
- □ 식사 (를) 하다 (食事をする)

- □ 후에 (後に)
- □ 커피 (コーヒー)
- □ 마시다 (飲む)
- □ 재미있다 (面白い)
- □ 하루 (一日)
- □ 다, 전부 (すべて、全部)
- □ 읽다 (読む)
- □ 오늘 (今日)
- □ -까지 (〜まで)
- □ 숙제 (宿題)
- □ 끝내다 (終わらせる)
- □ 시내버스 (市内バス)
- □ 시외버스 (市外バス)
- □ 택시 (タクシー)
- □ 전철 (電車、電鉄)
- □ 도보 (徒歩)
- □ 관광버스 (観光バス)
- □ 고속버스 (高速バス)

제**오**과

너무 심심해요.

마키 : 요즘 비가 많이 **오는 것 같아요**.

철수 : 이달 말까지 **온다고 했어요**.

마키 : **휴일이라서** 괜찮지만 비 오는 날

집에만 있으니까 너무 **심심해요**.

철수 : 아! 마키 씨, 한국에서는 이런 날에

뭐 **먹는지** 아세요?

마키 : 음… 글쎄요!?

*本文の日本語訳を完成してみましょう!!

マ　　キ：この頃雨が多く＿＿＿＿＿＿＿＿＿＿＿。

チョルス：今月末まで＿＿＿＿＿＿＿＿＿＿＿＿＿。

マ　　キ：＿＿＿＿＿＿＿＿＿＿＿＿、雨が降る日
　　　　　家にだけいるととても退屈です。

チョルス：あ! マキさん、韓国ではこのような日
　　　　　に＿＿＿＿＿＿＿＿＿＿＿＿＿＿＿。

マ　　キ：うーん… そうですね!?

● 本文の　　　　で塗った単語を①〜③までの単語にそれぞれ入れ替えて会話の練習をしてみましょう。

	이달 말 (今月末)	휴일 (休日)	심심해요 (退屈です)
本文			
①	내달 (来月)	토요일 (土曜日)	따분해요 (つまらないです)
②	이번 달 (今月)	일요일 (日曜日)	지루해요 (じれったいです、あきあきです)
③	다음 달 (来月)	쉬는 날 (休日)	재미없어요 (面白くないです)

本文の単語

□ 요즘 (最近)

□ 많이 [마니] (多く、たくさん)

□ -까지 (〜まで)

□ 괜찮다 [괜찬타] (大丈夫だ)

□ 집 (家)

□ 너무 (とても、あまりにも)

□ 이런 날 (このような日)

□ 먹다 [먹따] (食べる)

□ 글쎄요 (そうですね)

□ 비가 오다 (雨が降る)

□ 이달 말 (今月末)

□ 휴일 (休日)

□ -지만 (〜だが)

□ -만 (〜だけ、〜ばかり、〜のみ)

□ 심심하다 [심시마다] (退屈だ)

□ 뭐 (何)

□ 알다 (知る、分かる)

学習ポイント

5-1 － 것 같다 （～ようだ、～そうだ）

連体形に接続し、話し手のある事実や状態に対する推測を表します。なお、自分の意見を述べる時に用いるとやわらかい表現になります（→P12 学習ポイント2-1）。

1. 動詞の場合

基本形	現在（－는）	過去（－ㄴ/은）	未来（－ㄹ/을）
나오다 （出てくる）	나오는 것 같다	나온 것 같다	나올 것 같다
넣다 （入れる）	넣는 것 같다	넣은 것 같다	넣을 것 같다
알다 （分かる）	아는 것 같다	안 것 같다	알 것 같다

2. 存在詞の場合

基本形	現在（－는）	過去（－던）	未来（－을）
있다 （ある、いる）	있는 것 같다	있던 것 같다	있을 것 같다
없다 （ない、いない）	없는 것 같다	없던 것 같다	없을 것 같다

3. 形容詞・指定詞の場合

基本形	現在（－ㄴ/은）	過去（－던）	未来（－ㄹ/을）
비싸다 （値段が高い）	비싼 것 같다	비싸던 것 같다	비쌀 것 같다
높다 （高い）	높은 것 같다	높던 것 같다	높을 것 같다
길다 （長い）	긴 것 같다	길던 것 같다	길 것 같다
학생이다 （学生だ）	학생인 것 같다	학생이던 것 같다	학생일 것 같다

- 내가 잘못한 것 같아요.
- 이 소설책이 더 재미있을 것 같아요.
- 역에서 아주 먼 것 같았어요.

5-2 －(이)라서 （～なので）

体言に付いて原因や理由を表します。母音語幹の場合は「－라서」、子音語幹の場合は「－이라서」になります。

한자 （漢字）　－ 한자라서
주말 （週末）　－ 주말이라서

- 휴가라서 바다에 가려고 해요.
- 방학이라서 고향에 가요.
- 예쁜 가방이라서 사고 싶었어요.

5-3 −다고 하다 (～そうだ)

用言の語幹に付いて、聞いた話や他人が言ったことを間接的に伝える「伝聞」の時に用います。会話では縮約形がよく使われます。

	基本形	伝聞	縮約形
動詞の場合 「−ㄴ/는다고 해요」 縮約形:「−ㄴ/는대요」	자다 (寝る)	잔다고 해요	잔대요
	듣다 (聞く)	듣는다고 해요	듣는대요
	팔다 (売る)	판다고 해요 (ㄹ脱落)	판대요
形容詞・存在詞の場合 「−다고 해요」 縮約形:「−대요」	부끄럽다 (恥ずかしい)	부끄럽다고 해요	부끄럽대요
	멀다 (遠い)	멀다고 해요	멀대요
	맛없다 (まずい)	맛없다고 해요	맛없대요
指定詞の場合 「−(이)라고 해요」 縮約形:「−(이)래요」	배우이다 (俳優だ)	배우라고 해요	배우래요
	감기약이다 (風邪薬だ)	감기약이라고 해요	감기약이래요

- 오늘 저녁에 연락한다고 했어요.
- 화장실에 화장지가 없다고 합니다.
- 철수 씨, 축하해요. 합격이래요.

5-4 −는지/−(으)ㄴ지 (～のか、～かどうか)

用言の語幹に付いて漠然たる疑いを表します。

動詞・ 存在詞の場合 「−는지」	좋아하다 (好きだ、喜ぶ)	− 좋아하는지
	돌다 (回る、回転する)	− 도는지 (ㄹ脱落)
	재미있다 (面白い)	− 재미있는지
形容詞の場合 「−(으)ㄴ지」	예쁘다 (きれいだ)	− 예쁜지
	좁다 (狭い)	− 좁은지
	드물다 (稀だ)	− 드문지 (ㄹ脱落)
指定詞の場合 「−인지」	동아리이다 (サークルだ)	− 동아리인지

- 지갑에 돈이 얼마나 있는지 보세요.
- 지금 몇 시인지 아세요?
- 왜 이렇게 조용한지 모르겠어요.

グループで練習

15　一人（リーダー）が色を塗った部分を韓国語訳して言い、それに続いてみんなが一文全体を韓国
語訳して復唱しましょう。日本語だけで韓国語がすらすら言えるように何回も繰り返し練習し、練
習が終了したら各自覚えた文章を書いてみましょう。

---

① 조용한지　　　どうしてこんなに静かなのか分かりません。

　얼마나 있는지　財布にお金がどれくらいあるのか見てください。

　몇 시인지　　　今何時なのか分かりますか。

---

② 먼 것 같았어요.　駅からとても遠そうでした。

　잘못한 것 같아요.　私が間違えたようです。

　재미있을 것 같아요.　この小説がもっと面白そうです。

---

③ 합격이래요.　　チョルスさん、おめでとうございます。合格だそうです。

　한다고 했어요.　今日夕方連絡するそうです。

　없다고 합니다.　お手洗いにトイレットペーパーが無いそうです。

---

④ 방학이라서　　　休みなので故郷に帰ります。

　예쁜 가방이라서　綺麗なカバンなので買いたかったです。

　휴가라서　　　　休暇なので海に行こうと思います。

レベルアップ

1. _____ 部分を適切な韓国語に訳して文を完成しましょう。

① 작년에 別れたようです。(헤어지다)

→ _____

② 이 옷은 내년에 流行りそうです。(유행하다)

→ _____

③ 지난달에는 돈을 많이 使ったようです。(쓰다)

→ _____

④ 한국어 先生のようです。(선생님이다)

→ _____

2. 「-(이)라서」を使って文を完成しましょう。

① 집 근처 / 잘 알아요

→ _____

② 꿈 / 생각이 안 나요

→ _____

③ 야채 / 소화가 잘 돼요

→ _____

④ 주말 / 집에 있어요

→ _____

3. 「-다고 해요」を使って文を完成しましょう。

① 내년에 결혼하다.

→ _____

② 가방이 무겁다.

→ _____

③ 집이 학교에서 멀다.

→ _____

4. 「-는지/(으)ㄴ지」を使って文を完成しましょう。

① 언제 가다 / 물어보세요

　　→ _____

② 답이 맞다 / 모르겠어요

　　→ _____

③ 길이 안전하다 / 확인할 필요가 있어요

　　→ _____

④ 누구 자전거 / 참 멋있어요

　　→ _____

5. 次の文を韓国語に訳してみましょう。

① 少し緊張したようです。

　　→ _____

② 思ったより量が多いようです。

　　→ _____

③ 明日から安く売るそうです。

　　→ _____

Q クイズ 무엇일까〜요?　맞혀보세요. (何でしょうか。当ててみましょう)

a) 날씨	b) 눈	c) 소나기	d) 구름
e) 태풍	f) 무지개	g) 천둥	h) 번개

1) 雨が止んだ後に空に現れる複数色（日本と韓国は7色）の帯。
2) 大気中に融けないで空から地面に落下してくる氷の結晶。
3) 中心風速が秒速約17メートル以上の暴風を伴って強い雨や風をもたらします。
4) 夏に多く、一時的にいきなり降るもので、雷や稲妻などを伴うことがあります。
5) その日その日の大気の総合的な気象状態。

レベルアップ&クイズの単語

16

☐ 작년 (昨年、去年)

☐ 헤어지다 (別れる)

☐ 옷 (服)

☐ 내년 (来年)

☐ 유행하다 (流行する、流行る)

☐ 지난달 (先月)

☐ 돈을 쓰다 (お金を使う)

☐ 한국어 (韓国語)

☐ 선생님 (先生)

☐ 집 (家)

☐ 근처 (近所、辺り)

☐ 잘 (よく)

☐ 알다 (知る、分かる)

☐ 꿈 (夢)

☐ 생각 (이) 나다 (思い出す、考えつく)

☐ 야채 (野菜)

☐ 소화 (가) 되다 (消化できる)

☐ 주말 (週末)

☐ 있다 (ある／いる)

☐ 결혼하다 (結婚する)

☐ 가방 (かばん)

☐ 무겁다 (重い)

☐ 학교 (学校)

☐ 멀다 (遠い)

☐ 언제 (いつ)

☐ 가다 (行く)

☐ 물어보다 (尋ねる、聞いてみる)

☐ 답이 맞다 (答えが合う)

☐ 모르다 (知らない、分からない)

☐ 길 (道)

☐ 안전하다 (安全だ)

☐ 확인하다 (確認する)

☐ 필요 (必要)

☐ 누구 (誰)

☐ 자전거 (自転車)

☐ 참 (本当に、とても)

☐ 멋있다 (格好いい)

☐ 조금 (少し)

☐ 긴장하다 (緊張する)

☐ 생각보다 (思ったより)

☐ 양이 많다 (量が多い)

☐ 내일 (明日)

☐ -부터 (〜から)

☐ 싸게 (安く)

☐ 팔다 (売る)

☐ 날씨 (天気)

☐ 눈 (雪)

☐ 소나기 (夕立、にわか雨)

☐ 구름 (雲)

☐ 태풍 (台風)

☐ 무지개 (虹)

☐ 천둥 (雷)

☐ 번개 (稲妻)

제 육 과

미용실에 간 적이 없어요.

선배 : 머리가 많이 길었네요.

마키 : 네, **자르고** 싶은데 아직 미용실에
　　　 간 적이 없어요.

선배 : 그래요? 내가 자주 가는 곳이 있는데……

마키 : 그럼… 선배가 가는 미용실에 가서
　　　 잘라도 될까요?

선배 : 물론이죠. 같이 가면 좀 싸게 **해 줄**
　　　 거예요.

＊本文の日本語訳を完成してみましょう!!

先輩：髪が伸びましたね。

マキ：はい、＿＿＿＿＿＿＿＿＿＿まだ（韓国の）
　　　美容室に＿＿＿＿＿＿＿＿＿＿＿＿。

先輩：そうですか。私がよく行くところがありま
　　　すが……

マキ：では…　先輩が行く美容室に行って
　　　＿＿＿＿＿＿＿＿＿＿＿＿＿＿＿＿。

先輩：＿＿＿＿＿＿＿＿＿。一緒に行けば
　　　＿＿＿＿＿＿＿＿＿＿＿＿＿＿＿＿。

● 本文の　　　　で塗った単語を①〜③までの単語にそれぞれ入れ替えて会話の練習をしてみましょう。

本文	아직 (まだ)	가는 (行く)	물론이죠 (もちろんです)
①	여태 (今まで、今になっても)	다니는 (通う)	그럼요 (いいですよ)
②	한번도 (一度も)	이용하는 (利用する)	그럽시다 (そうしましょう)
③	여기 한국 (ここ韓国)	가는 (行く)	물론이에요 (もちろんです)

本文の単語

- □ 머리가 길다 (髪が長い、髪が伸びる)
- □ 아직 (まだ)
- □ 가다 (行く)
- □ 내가 (私が)
- □ 곳 (所、場所)
- □ 물론이죠 [물로니죠] (もちろんです)
- □ 싸게 해 주다 (安くしてくれる)
- □ 많이 [마니] (たくさん、多く)
- □ 자르다 (切る)
- □ 미용실 (美容室)
- □ 그래요? (そうですか)
- □ 자주 (よく、しょっちゅう)
- □ 선배 (先輩)
- □ 같이 [가치] (一緒に)

学習ポイント

6-1 −(으)ㄴ 적이 있다/없다 (〜したことがある／ない)

用言の語幹に付いて過去の経験の有無を表します。

母音語幹の場合「−ㄴ 적이 있다/없다」	놀라다 (驚く)	– 놀란 적이 있어요	– 놀란 적이 없어요
	다치다 (怪我する)	– 다친 적이 있어요	– 다친 적이 없어요
子音語幹の場合「−은 적이 있다/없다」	눕다 (横になる)*	– 누운 적이 있어요	– 누운 적이 없어요
	섞다 (混ぜる)	– 섞은 적이 있어요	– 섞은 적이 없어요
ㄹ語幹の場合(ㄹ脱落)「−ㄴ 적이 있다/없다」	졸다 (居眠る)	– 존 적이 있어요	– 존 적이 없어요
	걸다 (掛ける)	– 건 적이 있어요	– 건 적이 없어요

＊「ㅂ」変則に注意しましょう (p100参照)。

연예인을 본 적이 있어요?
부대찌개를 먹은 적이 없어요.
슬픈 드라마를 보고 운 적이 있어요.

6-2 −아/어 주다 (〜してあげる、〜してくれる、〜してもらう)

用言の語幹に付いて依頼や要求を表します。「해요体」の形をとります (p98参照)。
ここの「−아/어」は連用形なので注意しましょう。

사용하다 (使用する)　　– 사용해 주다　　– 사용해 주세요
내리다 (降りる)　　– 내려 주다　　– 내려 주세요
깎다 (値切る)　　– 깎아 주다　　– 깎아 주세요
돕다 (手伝う、助ける)*　　– 도와 주다　　– 도와 주세요

＊「ㅂ」変則に注意しましょう (p100参照)。

- 미안하지만 내일까지 기다려 주세요.
- 그 때 소개해 준 사람이 오빠였어요?
- 여기에 이름과 전화번호를 써 주시겠어요?

6-3 르 변칙 (르変則)

> 語幹が「르」で終わる用言に「-아/어」で始まる語尾が付くと変則に活用します。

1. 「-아/어요（〜です）」「-아/어서（〜して）」のように、語幹の後に「-아/어」で始まる語尾が付く場合は、変則活用します。ここの「-아/어」は連用形なので注意しましょう。

> ① 「르」前の母音が**陽母音**の場合は、「르」が脱落して「ㄹ」＋「라」になります。

다르다 (違う) 다르+아요 → 달라요／모르다 (知らない) 모르+아요 → 몰라요

> ② 「르」前の母音が**陰母音**の場合は、「르」が脱落して「ㄹ」＋「러」になります。

부르다 (呼ぶ・歌う) 부르+어요 → 불러요／흐르다 (流れる) 흐르+어요 → 흘러요

※ただし、치르다（支払う）、따르다（従う・注ぐ）、들르다（立ち寄る）、다다르다（至る）などは「으変則」なので注意しましょう。（→P84 学習ポイント 11-1）

2. 「-고（〜して、並列の時)」「-지만（〜けど）」「-(으)면（〜なら)」のように、語幹の後に「-ㄱ」「-ㅈ」「-으」で始まる語尾が付く場合は、変則は起こりません。

모르다 (知らない)　－ 모르고　－ 모르지만　－ 모르면
부르다 (呼ぶ・歌う)　－ 부르고　－ 부르지만　－ 부르면

- 남극에 간 적이 없어서 잘 몰라요.
- 노래방에서 큰 소리로 노래를 불렀어요.
- 과일은 만지고 고르면 안 돼요.

6-4 -(으)ㄹ 거예요 (〜するつもりです、〜でしょう)

> 用言の語幹に付いて意思や推量を表します。

母音語幹の場合 「-ㄹ 거예요」	이기다 (勝つ) － 이길 거예요 － 이길 겁니다
子音語幹の場合 「-을 거예요」	쉽다 (易しい)* － 쉬울 거예요 － 쉬울 겁니다
ㄹ語幹の場合（ㄹ脱落） 「-ㄹ 거예요」	떠들다 (騒ぐ) － 떠들 거예요 － 떠들 겁니다

＊「ㅂ」変則に注意しましょう（p100参照）。

- 어디에 갈 거예요?
- 지금쯤 서울에 도착했을 거예요.
- 그 일은 마키 씨가 잘 알 겁니다.

グループで練習

一人（リーダー）が色を塗った部分を韓国語訳して言い、それに続いてみんなが一文全体を韓国語訳して復唱しましょう。日本語だけで韓国語がすらすら言えるように何回も繰り返し練習し、練習が終了したら各自覚えた文章を書いてみましょう。

---

① 불렀어요.　　カラオケで大きな声で歌を歌いました。

　고르면　　　果物は触って選んだらいけません。

　잘 몰라요.　南極に行ったことがないのでよく分かりません。

---

② 알 겁니다.　　そのことはマキさんがよく知っているでしょう。

　갈 거예요?　　どこに行くつもりですか。

　도착했을 거예요.　今頃ソウルに到着したでしょう。

---

③ 먹은 적이 없어요.　プデチゲを食べたことがありません。

　본 적이 있어요?　芸能人を見たことがありますか。

　운 적이 있어요.　悲しいドラマを見て泣いたことがあります。

---

④ 소개해 준　　その時に紹介してくれた人がお兄さんだったのですか。

　기다려 주세요.　すみませんが、明日まで待ってください。

　써 주시겠어요?　ここに名前と電話番号を書いてくださいますか。

レベルアップ

1. 次の르変則に関する表を完成しましょう。（これらのものを利用して文を作ってみてください。）

基本形	−아/어요 (〜です)	−았/었어요 (〜でした)	−고 (〜して)	−지만 (〜けど)	−(으)면 (〜なら)
① 모르다 (知らない)					
② 고르다 (選ぶ)					
③ 오르다 (上がる・登る)					
④ 마르다 (乾く)					
⑤ 자르다 (切る)					
⑥ 부르다 (呼ぶ・歌う)					
⑦ 흐르다 (流れる)					
⑧ 기르다 (育てる)					
⑨ 누르다 (押す)					
⑩ 서두르다 (急ぐ)					
⑪ 다르다 (違う)					
⑫ 빠르다 (速い)					
⑬ 서투르다 (下手だ)					

2. 「−(으)ㄴ 적이 있어요/없어요」を使って文を完成しましょう。

① 집에 친구를 초대하다. (○)

　→ _____

② 한복을 입다. (×)

　→ _____

③ KTX를 타다. (○)

　→ _____

3. 「-아/어 주세요」を使って文を完成しましょう。

① 천천히 말하다.

　　→ _____

② 잠깐만 기다리다.

　　→ _____

③ 창문을 열다.

　　→ _____

④ 같이 가다.

　　→ _____

4. 「-(으)면 -(으)ㄹ 거예요 (〜すれば〜するつもりです)」を使って文を完成しましょう。

① 시간이 있다 / 한국어로 일기를 쓰다

　　→ _____

② 여행을 가다 / 사진을 많이 찍다

　　→ _____

③ 모르다 / 선생님에게 물어보다

　　→ _____

④ 결혼하다 / 후쿠오카에서 살다

　　→ _____

5. 次の文を韓国語に訳してみましょう。

① 明日は天気がとても寒くなるでしょう。

　　→ _____

② 短く髪を切ってください。

　　→ _____

③ 兄弟なのに顔が全然違います。

　　→ _____

④ この建物では犬を飼うことができません。

　　→ _____

Q クイズ 무엇일까~요? 맞혀보세요. (何でしょうか。当ててみましょう)

a) 커트　　b) 염색　c) 거울　d) 피부 맛사지
e) 손톱 손질　f) 파마　g) 샴푸　h) 메이크업

1) 美容の目的で髪を適当な長さで切り整えること。
2) 基礎化粧をした後の仕上げ化粧。一般的な女性の化粧だけでなく、俳優の舞台化粧にも用います。
3) 爪を保護し、健康できれいにかつ自然な輝きを与えるために行われる手入れ。
4) ある特定のところを染めたり、色素をしみこませたりして着色します。
5) 皮膚の血液循環の改善を目的にした手技療法。

レベルアップ&クイズの単語 Q

🎧 19

□ 집 (家)
□ 친구 (友達)
□ 초대하다 (招待する)
□ 한복 (韓服)
□ 입다 (着る)
□ KTX (韓国の高速鉄道)
□ 타다 (乗る)
□ 천천히 (ゆっくり)
□ 말하다 (話す)
□ 잠깐만 기다리다 (ちょっとだけ待つ)
□ 창문을 열다 (窓を開ける)
□ 같이 (一緒に)
□ 가다 (行く)
□ 시간 (時間)
□ 일기 (日記)

□ 쓰다 (書く、使う)
□ 여행 (旅行)
□ 사진을 찍다 (写真を撮る)
□ 선생님 (先生)
□ 물어보다 (尋ねる、聞いてみる)
□ 결혼하다 (結婚する)
□ 살다 (住む)
□ 내일 (明日)
□ 날씨 (天気)
□ 아주 (とても)
□ 춥다 (寒い)
□ 짧게 (短く)
□ 머리를 자르다 (髪を切る)
□ 형제 (兄弟)

□ 얼굴 (顔)
□ 전혀 (全然、全く)
□ 다르다 (違う)
□ 건물 (建物)
□ -에서는 (〜では)
□ 커트 (カット)
□ 개 (犬)
□ 기르다 (飼う、育てる)
□ 염색 (色染め)
□ 거울 (鏡)
□ 피부 맛사지 (肌マッサージ)
□ 손톱 손질 (ネイルケア)
□ 파마 (パーマ)
□ 샴푸 (シャンプー)
□ 메이크업 (メーキャップ)

제 **칠** 과

남산서울타워에 올라가 봤어요?

철수 : 마키 씨, 남산서울타워에 **올라가 봤어요?**

마키 : 아뇨, 서울에 **온 지 반년**이나 됐는데
　　　아직 **못 가 봤어요.**

철수 : 이번 주말에 **갈래요?**
　　　멋진 서울 야경을 볼 수 있어요.

마키 : 그런데 타워를 보면 조명 색깔이
　　　바뀌는 것 같아요!?

철수 : 네, 그래요. 맞아요!

＊本文の日本語訳を完成してみましょう!!

チョルス：マキさん、南山ソウルタワーに
　　　　　　　　　　　　　　　　　　　。

マ　　キ：いいえ、ソウルに
　　　　　経ちますが、　　　　　　　　　。

チョルス：今度の週末に　　　　　　　　　。
　　　　　素敵なソウルの夜景を見ることができ
　　　　　ます。

マ　　キ：ところで、タワーを見ると照明の色が
　　　　　　　　　　　　　　　　　　　!?

チョルス：はい、　　　　　　　　　　　！

● 本文の　　　　　で塗った単語を①〜③までの単語にそれぞれ入れ替えて会話の練習をしてみましょう。

本文	남산서울타워 (南山ソウルタワー)	반년 (半年) [2000年 7月]	바뀌는 (変わる)
①	남산타워 (南山タワー)	1년 (1年) [2000年 12/29]	달라지는 (異なる)
②	서울타워 (ソウルタワー)	5주 (5週) [2000年 2月]	바뀌는 (変わる)
③	남산서울타워 (南山ソウルタワー)	한 달 (一ヶ月) [2000年 2月]	변하는 (変化する)

本文の単語

- 올라가다 (上がる)
- 반년 (半年)
- 아직 (まだ)
- 가다 (行く)
- 야경 (夜景)
- 조명 (照明)
- 바뀌다 (変わる)

- 오다 (来る)
- 되다 (〜なる)
- 이번 주말 (今週末)
- 멋지다 [먿찌다] (素敵だ、素晴らしい、見事だ)
- 보다 (見る)
- 색깔 (色)
- 맞다 [맏따] (正しい、当たる)

学習ポイント

7-1 −아/어 보다 (〜してみる)

用言の語幹に付いて試みや経験を表します。「해요体」の形をとります（p98参照）。
ここの「−아/어」は連用形なので注意しましょう。

들어가다 (入る)　　　　 − 들어가요　 − 들어가 봐요　 − 들어가 봤어요
응원하다 (応援する)　 − 응원해요　 − 응원해 봐요　 − 응원해 봤어요
묵다 (泊まる)　　　　　 − 묵어요　　 − 묵어 봐요　　 − 묵어 봤어요
열다 (開ける)　　　　　 − 열어요　　 − 열어 봐요　　 − 열어 봤어요

- 다음 주 월요일에 병원에 가 보려고 해요.
- 안경을 바꿔 봤어요.
- 무인도에서 살아 보고 싶어요.

7-2 −(으)ㄴ 지 (〜してから、〜して以来)

用言の語幹に付いて時間の経過を表します。後ろには「−되다 (なる) /−지나다 (過ぎ
る)」や期限を表す単語が付くことが多いです。

母音語幹の場合 「−ㄴ 지」	다녀오다 (行ってくる)	− 다녀온 지
	가르치다 (教える)	− 가르친 지
子音語幹の場合 「−은 지」	맡다 (預かる、引き受ける)	− 맡은 지
	신다 (履く)	− 신은 지
ㄹ語幹の場合 (ㄹ脱落) 「−ㄴ 지」	잠들다 (眠る、寝入る)	− 잠든 지
	놀다 (遊ぶ)	− 논 지

- 후지산에 가 본 지 얼마 안 됩니다.
- 고향에 다녀온 지 벌써 2년이 지났어요.
- 한국어를 배운 지 반년이 되네요.

7-3 －(이)나 (～か、～や、～でも、～も)

体言の後に付くと譲歩や選択を、助数詞の後に付くとその程度が予想より大きいことを表します。

- 주말에는 보통 청소나 빨래를 해요.
- 새로 나온 냉장고나 세탁기를 보고 싶어요.
- 길이 막혀서 공항까지 2시간이나 걸렸어요.

7-4 －(으)ㄹ래요 (～します、～しましょう)

用言の語幹に付いて、平叙文では話し手の意志を表し、疑問文では聞き手の意向を聞く時に使います。親しい間柄で用いる話し言葉です。

母音語幹の場合 「－ㄹ래요」	만나다 (会う)	－ 만날래요	－ 만날래요?
	쉬다 (休む)	－ 쉴래요	－ 쉴래요?
子音語幹の場合 「－을래요」	안다 (抱く)	－ 안을래요	－ 안을래요?
	잊다 (忘れる)	－ 잊을래요	－ 잊을래요?
ㄹ語幹の場合 (ㄹ脱落) 「－ㄹ래요」	살다 (住む)	－ 살래요	－ 살래요?
	덜다 (減らす、省く)	－ 덜래요	－ 덜래요?

- 토요일에 낚시하러 갈래요?
- 후식으로 아이스크림을 먹을래요.
- 주말에 김치만두를 같이 만들래요?

グループで練習

21　一人（リーダー）が色を塗った部分を韓国語訳して言い、それに続いてみんなが一文全体を韓国語訳して復唱しましょう。日本語だけで韓国語がすらすら言えるように何回も繰り返し練習し、練習が終了したら各自覚えた文章を書いてみましょう。

---

① 먹을래요.　　デザートでアイスクリームを食べます。

갈래요?　　土曜日に釣りをしに行きましょうか。

만들래요?　　週末にキムチ餃子を一緒に作りましょうか。

---

② 살아 보고 싶어요.　無人島に住んでみたいです。

바꿔 봤어요.　眼鏡を変えてみました。

가 보려고 해요.　来週の月曜日に病院に行こうと思います。

---

③ 2시간이나　道が混んで空港まで2時間もかかりました。

청소나　週末には普通掃除や洗濯をします。

냉장고나　新しく出た冷蔵庫や洗濯機を見てみたいです。

---

④ 가 본 지　富士山に行ってみてから日が浅いです。

배운 지　韓国語を習ってから半年になりますね。

다녀온 지　故郷に行ってきてからもう2年が経ちました。

レベルアップ

1. ＿＿＿＿部分を適切な韓国語に訳して文を完成しましょう。

① 신발이 큰지 작은지 履いてみてください。（신다）

　　→ ＿＿＿＿＿＿＿＿＿＿＿＿＿＿＿＿＿＿＿＿＿＿＿＿

② 한국에 가면 태권도를 習ってみたいです。（배우다）

　　→ ＿＿＿＿＿＿＿＿＿＿＿＿＿＿＿＿＿＿＿＿＿＿＿＿

③ 걱정이 되면 한번 連絡してみてください。（연락하다）

　　→ ＿＿＿＿＿＿＿＿＿＿＿＿＿＿＿＿＿＿＿＿＿＿＿＿

2. 「-(으)ㄴ 지」を使って文を完成しましょう。

① 여기서 기다리다 / 얼마나 됐어요?

　　→ ＿＿＿＿＿＿＿＿＿＿＿＿＿＿＿＿＿＿＿＿＿＿＿＿

② 한국에 갔다오다 / 일주일이 지났어요

　　→ ＿＿＿＿＿＿＿＿＿＿＿＿＿＿＿＿＿＿＿＿＿＿＿＿

③ 여기에 와서 앉다 / 10분밖에 안 됐어요

　　→ ＿＿＿＿＿＿＿＿＿＿＿＿＿＿＿＿＿＿＿＿＿＿＿＿

④ 그 분을 알다 / 꽤 됩니다

　　→ ＿＿＿＿＿＿＿＿＿＿＿＿＿＿＿＿＿＿＿＿＿＿＿＿

3. 「-(이)나」を使って質問に答えましょう。

① A : 뭐 먹을래요? (스파게티 / 피자)

　　B : ＿＿＿＿＿＿＿＿＿＿＿＿＿＿＿＿＿＿＿＿＿＿＿＿

② A : 뭐 마실래요? (커피 / 홍차)

　　B : ＿＿＿＿＿＿＿＿＿＿＿＿＿＿＿＿＿＿＿＿＿＿＿＿

③ A : 학교까지 얼마나 걸렸어요? (30분)

　　B : 걸어서 왔으니까 ＿＿＿＿＿＿＿＿＿＿＿＿＿＿＿＿

4. 「-(으)ㄹ래요」を使って文を完成しましょう。

① 휴일에는 집에서 독서를 하다.

→ _____

② 점심엔 간단하게 컵라면을 먹다.

→ _____

③ 방학 때 재미있는 한국소설책을 읽다.

→ _____

④ 더워서 창문을 열다.

→ _____

5. 次の文を韓国語に訳してみましょう。

① 今日は疲れて家にいます。(「-(으)ㄹ래요」を使うこと)

→ _____

② 服は必ず着てみてから買ってください。

→ _____

③ 週末に時間があったら登山でも行きますか。(「-(으)ㄹ래요」を使うこと)

→ _____

④ 野菜はほうれん草やキャベツが好きです。

→ _____

Q クイズ 무엇일까〜요?　맞혀보세요. (何でしょうか。当ててみましょう)

a) 관광명소	b) 전주비빔밥	c) 기념품	d) 경주불국사
e) 남해독일마을	f) 지도	g) 고궁	

1) ある事柄や人物などを記念すべく、思い出に残しておくための記念の品。

2) 有名な風景やものを見物するために多くの人が訪れる観光スポット。

3) 전주(全州)の郷土の食べ物。ご飯に肉とナムルなどの具を入れてかき混ぜて食べる料理。

4) 地球表面の状態を一定の割合に縮小し、記号や文字などを用いて平面上に描き表した図。

5) 昔の宮殿。約500年の歴史を持つ朝鮮王朝時代に王や王族たちが暮らした王宮。

レベルアップ&クイズの単語 22

- 신발 (くつ、はきもの)
- 크다 (大きい)
- 작다 (小さい)
- 신다 (履く)
- 태권도 (テコンドー)
- 배우다 (習う)
- 걱정 (이) 되다 (心配になる、気になる)
- 한번 (一度)
- 연락하다 (連絡する)
- 여기서 (ここで)
- 기다리다 (待つ)
- 얼마나 (いくら、どれくらい)
- 갔다오다 (行って来る)
- 일주일 (一週間)
- 지나다 (過ぎる、経つ)
- 앉다 (座る)
- 10 (십) 분 (10分)
- −밖에 (〜しか)
- 그 분 (その方)
- 꽤 (かなり)
- 뭐 (何)

- 스파게티 (スパゲッティ)
- 피자 (ピザ、ピッツァ)
- 마시다 (飲む)
- 커피 (コーヒー)
- 홍차 (紅茶)
- 학교 (学校)
- 걸리다 (かかる)
- 걸어서 (歩いて)
- 휴일 (休日)
- 독서 (読書)
- 점심 (昼食)
- 간단하게 (簡単に)
- 컵라면 (カップラーメン)
- 방학 (休み)
- −때 (〜時)
- 한국소설책 (韓国小説)
- 읽다 (読む)
- 덥다 (暑い)
- 창문 (窓)
- 열다 (開ける)
- 오늘 (今日)

- 피곤하다 (疲れる)
- 집에 있다 (家にいる)
- 옷 (服)
- 꼭 (必ず、きっと)
- 입다 (着る)
- 사다 (買う)
- 주말 (週末)
- 등산 (山登り、登山)
- −이나 (〜でも)
- 야채 (野菜)
- 시금치 (ほうれん草)
- 양배추 (キャベツ)
- 좋아하다 (好きだ)
- 관광명소 (観光名所)
- 전주비빔밥 (全州ビビンバ)
- 기념품 (記念品)
- 경주불국사 (慶州仏国寺)
- 남해독일마을 (南海ドイツ村)
- 지도 (地図)
- 고궁 (故宮)

제 **팔** 과

한국생활은 재미있어요?

마 키 : 선생님, 안녕하세요?

선생님 : 어서 와요. 한국 생활은 재미있어요?

마 키 : 네, 친구도 많이 생겼어요.

실은 이번 연휴 **때 추억만들기** 여행을

가려고 해요.

선생님 : 어디 가는지 **물어봐도 돼요?**

마 키 : **친구랑** 제주도에 가려고 해요.

선생님 : **여행할 때** 날씨가 **맑으면 좋겠네요.**

*本文の日本語訳を完成してみましょう!!

マキ：先生、＿＿＿＿＿＿＿＿＿＿＿＿＿＿＿。

先生：いらっしゃい。韓国の生活は面白いですか。

マキ：はい、友達もたくさんできました。
　　　実は、今度の＿＿＿＿＿＿＿＿＿＿
　　　旅行に行こうと思います。

先生：どこに行くのか＿＿＿＿＿＿＿＿＿。

マキ：友達と済州島に行こうと思います。

先生：旅行する時に天気が＿＿＿＿＿＿＿。

● 本文の　　　　で塗った単語を①〜③までの単語にそれぞれ入れ替えて会話の練習をしてみましょう。

本文	안녕하세요? (こんにちは)	한국 생활 (韓国の生活)	친구 (友達)
①	안녕하십니까? (こんにちは)	유학 생활 (留学生活)	가족 (家族)
②	안녕하세요? (こんにちは)	학교 생활 (学校生活)	한국 친구들 (韓国の友達ら)
③	안녕하십니까? (こんにちは)	기숙사 생활 (寮生活)	친한 친구 (親しい友達)

本文の単語

□ 선생님 (先生)
□ 한국 생활 [한국쌩활] (韓国の生活)
□ 생기다 (できる)
□ 이번 (今度、今回)
□ −때 (〜の時)
□ 만들다 (作る)
□ 어디 (どこ)
□ 좋다 [조타] (良い)
□ 날씨 (天気)
□ 물어봐도 돼요? [무러봐도 돼요] (尋ねてもいいですか、聞いてもいいですか)

□ 어서 오다 (いらっしゃる)
□ 재미있다 [재미읻따] (面白い)
□ 실은 [시른] (実は)
□ 연휴 (連休)
□ 추억 (思い出)
□ 여행 (旅行)
□ 묻다 [묻따] (尋ねる)
□ 제주도 (済州島)
□ 맑다 [막따] (晴れる)

学習ポイント

8-1 ー기 (～すること)

用言を名詞化するための語尾で、用言の語幹に付きます。趣味などを言う時にも使います。また、似た表現に「ー는 것」がありますが、この場合はㄹ語幹に注意しましょう。

- 노래하다 (歌う)　　　 － 노래하기　　　 － 노래하는 것
- 달리다 (走る)　　　　 － 달리기　　　　 － 달리는 것
- 읽다 (読む)　　　　　 － 읽기　　　　　 － 읽는 것
- 만들다 (作る)　　　　 － 만들기　　　　 － 만드는 것

- 소풍을 가서 보물찾기를 했어요.
- 우리 누가 빨리 가는지 내기를 할래요?
- 햄버거먹기 대회에 출전해서 우승했어요.

8-2 ー(으)ㄹ 때 (～する時)

用言の語幹に付いて、ある動作や状態の進行、または時間・場合を表す時に用います。なお、体言に「ー때」が付くと時間を表します。

母音語幹の場合 「ーㄹ 때」	피곤하다 (疲れる)	－ 피곤할 때
	어리다 (幼い)	－ 어릴 때
子音語幹の場合 「ー을 때」	볶다 (炒める)	－ 볶을 때
	밉다 (憎い、醜い)*	－ 미울 때
ㄹ語幹の場合 (ㄹ脱落) 「ーㄹ 때」	뛰놀다 (飛び回る、跳ね回る)	－ 뛰놀 때
	멀다 (遠い)	－ 멀 때
体言の場合 「ー때」	점심 (昼食)	－ 점심 때
	저녁 (夕方)	－ 저녁 때
	초등학생 (小学生)	－ 초등학생 때

＊「ㅂ」変則に注意しましょう (p100参照)。

- 시간이 있을 때 연락 주세요.
- 운전할 때 안전벨트를 꼭 매세요.
- 스키야키를 만들 때 설탕이 필요해요.
- 방학 때 한국에 여행을 가고 싶어요.

8-3 – (으)면 좋겠다 (〜ならいい、〜だといい、〜したい)

用言の語幹に付いて話し手の希望や願望を表します。
また、「−았/었으면 좋겠다（〜だったらいい）」の表現もよく使います。

母音語幹の場合 「−면」	힘세다 (力強い)	– 힘세면 좋겠어요	– 힘셌으면 좋겠어요
	어울리다 (似合う)	– 어울리면 좋겠어요	– 어울렸으면 좋겠어요
子音語幹の場合 「−으면」	많다 (多い)	– 많으면 좋겠어요	– 많았으면 좋겠어요
	가깝다 (近い)*	– 가까우면 좋겠어요	– 가까웠으면 좋겠어요
ㄹ語幹の場合 「−면」	알다 (分かる、知る)	– 알면 좋겠어요	– 알았으면 좋겠어요
	벌다 (稼ぐ)	– 벌면 좋겠어요	– 벌었으면 좋겠어요

* 「ㅂ」変則に注意しましょう（p100参照）。

- 졸업여행으로 하와이에 가면 좋겠어요.
- 내 방에 소파가 있었으면 좋겠어요.
- 여름에는 바닷가에서 살면 좋겠어요.

8-4 ㄷ 변칙 (ㄷ変則)

語幹の最後が子音「ㄷ」で終わる用言には「ㄷ変則」が多いです。その場合、語幹の最後の子音「ㄷ」が脱落し、代わりに「ㄹ」が付きます。「ㄷ変則」には、듣다 (聞く)、걷다 (歩く)、묻다 (尋ねる)、깨닫다 (悟る) などがあります。

1. 「−(으)면 (〜なら)」「−아/어요 (〜です)」のように、語幹の後に「−(으)」「−아/어」で始まる語尾が付く場合は、変則活用します。

   듣다 (聞く)　　　　– 들으면　　– 들어요　　– 들었어요
   묻다 (尋ねる)　　　– 물으면　　– 물어요　　– 물었어요

2. 「−고 (〜して、並列の時)」「−지만 (〜けど)」のように、語幹の後に「−ㄱ」「−ㅈ」で始まる語尾が付く場合は、変則は起こりません。

   듣다 (聞く)　　　　– 듣고　　　– 듣지만
   묻다 (尋ねる)　　　– 묻고　　　– 묻지만

- 한국음악을 많이 들어요.
- 걸어서 편의점까지는 너무 멀어요.
- 길을 모를 때는 물어 보세요.

グループで練習

24　一人（リーダー）が色を塗った部分を韓国語訳して言い、それに続いてみんなが一文全体を韓国語訳して復唱しましょう。日本語だけで韓国語がすらすら言えるように何回も繰り返し練習し、練習が終了したら各自覚えた文章を書いてみましょう。

---

① 물어 보세요.
걸어서
들어요.

道が分からない時には尋ねてみてください。

歩いてコンビニまではとても遠いです。

韓国音楽をたくさん聞きます。

---

② 내기를 할래요?
먹기 대회
보물찾기

私達、誰が早く行くかかけをしますか。

ハンバーガー大食い大会に出場して優勝しました。

遠足に行って宝探しをしました。

---

③ 있었으면 좋겠어요.
가면 좋겠어요.
살면 좋겠어요.

私の部屋にソファーがあったらいいです。

卒業旅行でハワイに行くといいです。

夏には海辺に住んだらいいですね。

---

④ 운전할 때
있을 때
방학 때

運転する時に必ずシートベルトを締めてください。

時間がある時に連絡ください。

休みの時韓国に旅行に行きたいです。

レベルアップ

1. 例のように「−는 것」「−기」を使って文を完成しましょう。

> **例)** 사진을 찍다 (写真を撮る)
>
> →저는 <u>사진찍는 것을 좋아해요.</u>
>
> (私は写真を撮ることが好きです。)
>
> →제 취미는 <u>사진찍기예요.</u>
>
> (私の趣味は写真を撮ることです。)

① 음악을 듣다

→ 저는 _____

→ 제 취미는 _____

② 여행을 하다

→ 저는 _____

→ 제 취미는 _____

③ 영화를 보다

→ 저는 _____

→ 제 취미는 _____

2. 次のㄷ変則に関する表を完成しましょう。(これらのものを利用して文を作ってみてください)

基本形	−아/어요 (〜です)	−았/었어요 (〜でした)	−(으)면 (〜なら)	−고 (〜して)	−지만 (〜けど)
① 듣다 (聞く)					
② 걷다 (歩く)					
③ 묻다 (尋ねる)					
④ 깨닫다 (悟る)					
⑤ 받다 (受け取る)					
⑥ 닫다 (閉める)					

3. ＿＿＿＿部分を適切な韓国語に訳して文を完成しましょう。

① 일요일에는 집에서 한국음악을 <u>聞きたいです。</u>（듣다）（「-(으)면 좋겠다」を使うこと）

　　→ ＿＿＿＿＿＿＿＿＿＿＿＿＿＿＿＿＿＿＿＿＿＿＿＿＿＿＿

② 오늘은 많이 <u>歩いて</u> 다리가 아픕니다.（걷다）

　　→ ＿＿＿＿＿＿＿＿＿＿＿＿＿＿＿＿＿＿＿＿＿＿＿＿＿＿＿

③ 생일 선물로 도깨비 인형을 <u>もらいました。</u>（받다）

　　→ ＿＿＿＿＿＿＿＿＿＿＿＿＿＿＿＿＿＿＿＿＿＿＿＿＿＿＿

④ 모르는 길은 사람들에게 <u>尋ねてみてください。</u>（묻다）

　　→ ＿＿＿＿＿＿＿＿＿＿＿＿＿＿＿＿＿＿＿＿＿＿＿＿＿＿＿

4.「-(으)ㄹ 때」を使って文を完成しましょう。

① 배가 아프다 / 약을 드세요

　　→ ＿＿＿＿＿＿＿＿＿＿＿＿＿＿＿＿＿＿＿＿＿＿＿＿＿＿＿

② 날씨가 좋다 / 같이 등산을 가고 싶어요

　　→ ＿＿＿＿＿＿＿＿＿＿＿＿＿＿＿＿＿＿＿＿＿＿＿＿＿＿＿

③ 바쁘지 않다 / 전화해 주세요

　　→ ＿＿＿＿＿＿＿＿＿＿＿＿＿＿＿＿＿＿＿＿＿＿＿＿＿＿＿

④ 무거운 짐을 들다 / 도와 주세요

　　→ ＿＿＿＿＿＿＿＿＿＿＿＿＿＿＿＿＿＿＿＿＿＿＿＿＿＿＿

5. 次の文を韓国語に訳してみましょう。

① 韓国に行って好きな俳優に会えたらいいですね。（「-(으)면 좋겠다」を使うこと）

　　→ ＿＿＿＿＿＿＿＿＿＿＿＿＿＿＿＿＿＿＿＿＿＿＿＿＿＿＿

② 私の趣味はピアノを弾くことです。

　　→ ＿＿＿＿＿＿＿＿＿＿＿＿＿＿＿＿＿＿＿＿＿＿＿＿＿＿＿

③ イギリスに住んでいたときに撮った写真です。

　　→ ＿＿＿＿＿＿＿＿＿＿＿＿＿＿＿＿＿＿＿＿＿＿＿＿＿＿＿

④ 夕食は「韓定食」を食べたらいいですね。（「-(으)면 좋겠다」を使うこと）

　　→ ＿＿＿＿＿＿＿＿＿＿＿＿＿＿＿＿＿＿＿＿＿＿＿＿＿＿＿

Q **クイズ** 무엇일까～요? 맞혀보세요. (何でしょうか。当ててみましょう)

a) 자격증   b) 어학연수   c) 취업준비   d) 인턴
e) 해외여행   f) 아르바이트   g) 자원봉사

1) 一定の期間、会社や機関などに訪問あるいは出勤して業務を行ったり話を聞いたりして、社会の経験を積む人またはその過程。
2) 他人や社会のために報酬無しに自発的に参加して奉仕すること。
3) 外国語を習うために語学を学ぶことや現地に行ってその国の言葉や生活を学ぶこと。
4) 一定の資格を認めて与える証書。
5) 観光のために個人または団体で外国に旅行すること。

レベルアップ＆クイズの単語 **Q**

🎧 25

□ 음악을 듣다 (音楽を聞く)
□ 저 (私)
□ 제 (私の)
□ 취미 (趣味)
□ 여행(을) 하다 (旅行をする)
□ 영화(를) 보다 (映画を見る)
□ 일요일 (日曜日)
□ 집 (家)
□ -에서 (〜で)
□ 한국음악 (韓国音楽)
□ 오늘 (今日)
□ 많이 (たくさん、多く)
□ 다리가 아프다 (足が痛い)
□ 생일 선물 (誕生日プレゼント)
□ 도깨비 (鬼)
□ 인형 (人形)

□ 모르다 (知らない、分からない)
□ 길 (道)
□ 사람들 (人たち)
□ 배가 아프다 (お腹が痛い)
□ 약 (薬)
□ 드시다 (召し上がる)
□ 날씨가 좋다 (天気が良い)
□ 같이 (一緒に、共に)
□ 등산(을) 가다 (登山に行く)
□ 바쁘다 (忙しい)
□ 전화하다 (電話する)
□ 짐을 들다 (荷物を持つ)
□ 무겁다 (重い)
□ 돕다 (手伝う)
□ 도와 주다 (手伝ってあげる)
□ 배우 (俳優)

□ 만나다 (会う)
□ 피아노를 치다 (ピアノを弾く)
□ 영국 (イギリス、英国)
□ 살다 (住む)
□ 찍다 (撮る)
□ 사진 (写真)
□ 저녁 (식사) (夕食)
□ 한정식 (韓定食)
□ 자격증 (資格証)
□ 어학연수 (語学研修)
□ 취업준비 (就活準備)
□ 인턴 (インターン)
□ 해외여행 (海外旅行)
□ 아르바이트 (アルバイト)
□ 자원봉사 (ボランティア)

제 **구** 과

많이 나아졌어요.

26

마키 : 어제는 약속을 못 지켜서 미안해요.

철수 : 아니에요. 몸은 좀 어때요?

마키 : 약을 먹고 푹 **쉬었더니** 많이
　　　나아졌어요.

철수 : 그럼 근처에 삼계탕 잘하는 식당이
　　　있는데, 먹으러 갈래요?

마키 : 좋아요. 디저트로는 팥빙수도 먹고
　　　싶거든요.

＊本文の日本語訳を完成してみましょう!!

マ　　キ：昨日は＿＿＿＿＿＿＿＿ごめんなさい。

チョルス：いいえ。体調はどうですか。

マ　　キ：薬を飲んでぐっすり＿＿＿＿＿＿、
　　　　　だいぶ＿＿＿＿＿＿＿＿＿。

チョルス：では、近くにサムゲタンがうまい食堂
　　　　　があるのですが、＿＿＿＿＿＿＿。

マ　　キ：いいですね。デザートにはかき氷も
　　　　　＿＿＿＿＿＿＿＿＿＿＿＿＿。

● 本文の　　　　　で塗った単語を①～③までの単語にそれぞれ入れ替えて会話の練習をしてみましょう。

本文	어때요? (どうですか)	삼계탕 (サムゲタン)	팥빙수 (かき氷)
①	괜찮아요? (大丈夫ですか)	파스타 (パスタ)	아이스크림 (アイスクリーム)
②	나았어요? (治りましたか)	한정식 (韓定食)	수정과 (スジョングァ)
③	좋아졌어요? (良くなりましたか)	비빔냉면 (ビビン冷麺)	식혜 (シッケ)

・**수정과**：生姜の甘煮、**식혜**：韓国の甘酒

本文の単語

- 어제 (昨日)
- 지키다 (守る)
- 어떻다 [어떠타] (どうだ)
- 푹 쉬다 (ぐっすり休む)
- 근처 (近く)
- 잘하다 [자라다] (うまい、上手だ)
- 먹다 [먹따] (食べる)
- ―로는 (〜には)
- ―거든요 (〜なんですよ、するんですよ)
- 약속 [약쏙] (約束)
- 몸 (体)
- 약을 먹다 [야글 먹따] (薬を飲む)
- 나아지다 (よくなる)
- 삼계탕 (サムゲタン)
- 식당 [식땅] (食堂)
- 디저트 (デザート)
- 팥빙수 [판삥수] (かき氷)

学習ポイント

9-1 −더니 （〜していたら、〜したら）

用言の語幹に付いて、これまでの聞いたり行ったりした事柄が他の事柄の理由（原因・条件など）になることを表します。

붙이다 (貼る)	− 붙이더니
맑다 (晴れる)	− 맑더니
덥다 (暑い)	− 덥더니
듣다 (聞く)	− 듣더니

- 무덥더니 소나기가 오네요.
- 밥을 먹었더니 잠이 와요.
- 서울에 가더니 소식이 없어요.

9-2 ㅅ 변칙 （ㅅ変則）

用言の語幹が「ㅅ」で終わる用言に「−으」「−아/어」で始まる語尾が付くと変則に活用します。

1. 「−으」「−아/어요 （〜ます）」のように、語幹の後に「−으」「−아/어」で始まる語尾が付く場合、変則活用します。

① 「−으」で始まる語尾が付く場合は「ㅅ」が脱落します。

낫다 (治る)	→ 나으면
붓다 (注ぐ、腫れる)	→ 부으면
긋다 (引く)	→ 그으면

② 「−아/어」で始まる語尾が付く場合は「ㅅ」が脱落します。

낫다 (治る)	→ 나아요
짓다 (建てる)	→ 지어요
잇다 (継ぐ)	→ 이어요

※ただし、웃다 (笑う)、씻다 (洗う)、벗다 (脱ぐ)、빗다 (髪をとく)、빼앗다 (奪う)、솟다 (涌く、昇る) は「規則」なので注意しましょう。

2. 「-고（〜して、並列の時）」「-지만（〜けど）」のように、語幹の後に「-ㄱ」「-ㅈ」で始まる
   語尾が付く場合、変則は起こりません。

낫다 （治る）　　　　　　　　 – 낫고　　　　 – 낫지만
젓다 （かき混ぜる）　　　　　 – 젓고　　　　 – 젓지만

- 약을 발랐더니 깨끗이 나았어요.
- 실내에서는 모자를 벗어 주세요.
- 올해 새집을 지을 거예요.

9-3　– 아/어지다 （〜くなる、〜になる）

用言の語幹に付いて状態の変化を表します。「해요体」の形をとります。（p98参照）。

밝다 （明るい）　　　　　 – 밝아지다　　 – 밝아져요　　 – 밝아졌어요
느리다 （遅い）　　　　　 – 느려지다　　 – 느려져요　　 – 느려졌어요
싫다 （嫌だ）　　　　　　 – 싫어지다　　 – 싫어져요　　 – 싫어졌어요
부드럽다 （やわらかい）* – 부드러워지다 – 부드러워져요 – 부드러워졌어요

*「ㅂ」変則に注意しましょう（p100参照）。

- 캐럴송이 울리는 크리스마스가 무척 기다려져요.
- 좋은 점수를 받아서 기분이 좋아졌어요.
- 교실 안이 갑자기 조용해졌어요.

9-4　– 거든요 （〜なんですよ、〜するんですよ）

用言の語幹に付いて理由や根拠を表します。

차다 （冷たい）　　　　　 – 차거든요
끝나다 （終わる）　　　　 – 끝나거든요
흐리다 （曇る）　　　　　 – 흐리거든요
한가하다 （暇だ）　　　　 – 한가하거든요

- 지갑이 없어요, 잃어버렸거든요.
- 여기는 차가 많거든요, 조심하세요.
- 어둡거든요, 불을 좀 켜 주세요.

グループで練習

27 　一人（リーダー）が色を塗った部分を韓国語訳して言い、それに続いてみんなが一文全体を韓国
語訳して復唱しましょう。日本語だけで韓国語がすらすら言えるように何回も繰り返し練習し、練
習が終了したら各自覚えた文章を書いてみましょう。

---

① 벗어 주세요.　　　室内では帽子を脱いでください。

　　나았어요.　　　　薬を塗ったらきれいに治りました。

　　지을 거예요.　　今年新しい家を建てるつもりです。

---

② 많거든요,　　　　ここは車が多いですもの、気を付けてください。

　　어둡거든요,　　　暗いですよ、ちょっと電気をつけてください。

　　잃어버렸거든요.　財布がありません、失くしてしまったんですよ。

---

③ 기분이 좋아졌어요.　よい点数をもらってご機嫌になりました。

　　조용해졌어요.　　　教室の中がいきなり静かになりました。

　　무척 기다려져요.　キャロルソングが鳴り響くクリスマスがとても
　　　　　　　　　　　待ち遠しいです。

---

④ 먹었더니　　　　　ご飯を食べたら眠くなりました。

　　가더니　　　　　ソウルに行ったきり便りがありません。

　　무덥더니　　　　蒸し暑かったのでにわか雨が降っていますね。

---

1. 「-더니」を使って文を完成しましょう。

① 작은 구두를 신었다 / 발이 아파요

→ _____

② 운동을 했다 / 배가 고파요

→ _____

③ 오전에는 맑다 / 오후에는 비가 오네요

→ _____

④ 슬픈 영화를 봤다 / 자꾸 눈물이 나오네요

→ _____

2. 次のㅅ変則に関する表を完成しましょう。(これらのものを利用して文を作ってみてください)

基本形	-아/어요 (〜です)	-았/었어요 (〜でした)	-(으)면 (〜なら)	-고 (〜して)	-지만 (〜けど)
① 붓다 (注ぐ、腫れる)					
② 낫다 (治る)					
③ 긋다 (引く)					
④ 짓다 (建てる)					
⑤ 잇다 (継ぐ)					
⑥ 젓다 (かき混ぜる)					
⑦ 웃다 (笑う)					
⑧ 씻다 (洗う)					
⑨ 벗다 (脱ぐ)					

3. ＿＿＿＿＿＿部分を「－아/어 지다」を使って適切な韓国語に訳し、文を完成しましょう。

① 한국어는 발음이 어렵지만 점점 <u>面白くなりました</u>。（재미있다）

→ ＿＿＿＿＿＿＿＿＿＿＿＿＿＿＿＿＿＿＿＿＿＿＿＿＿＿＿

② 에베레스트산에 가는 사람이 꽤 <u>多くなりました</u>。（많다）

→ ＿＿＿＿＿＿＿＿＿＿＿＿＿＿＿＿＿＿＿＿＿＿＿＿＿＿＿

③ 가방에 책을 많이 넣었더니 <u>重くなりました</u>。（무겁다）

→ ＿＿＿＿＿＿＿＿＿＿＿＿＿＿＿＿＿＿＿＿＿＿＿＿＿＿＿

④ 요즘 저녁이 되니까 <u>寒くなりました</u>。（춥다）

→ ＿＿＿＿＿＿＿＿＿＿＿＿＿＿＿＿＿＿＿＿＿＿＿＿＿＿＿

4. 次の文を韓国語に訳してみましょう。

① 先月より値段が高くなりました。

→ ＿＿＿＿＿＿＿＿＿＿＿＿＿＿＿＿＿＿＿＿＿＿＿＿＿＿＿

② たくさん食べたら、お腹が痛いです。

→ ＿＿＿＿＿＿＿＿＿＿＿＿＿＿＿＿＿＿＿＿＿＿＿＿＿＿＿

③ 友達の家に行きます、招待されたんです。

→ ＿＿＿＿＿＿＿＿＿＿＿＿＿＿＿＿＿＿＿＿＿＿＿＿＿＿＿

④ 恋人はいませんが、友達は多いですよ。

→ ＿＿＿＿＿＿＿＿＿＿＿＿＿＿＿＿＿＿＿＿＿＿＿＿＿＿＿

Q クイズ 무엇일까～요?　맞혀보세요. （何でしょうか。当ててみましょう）

a) 감기　　b) 의사　　c) 두통　　d) 병원
e) 기침　　f) 콧물　　g) 치과

1） 患者を診察したり、治療したりするために必要な設備を整えた施設。
2） 一般に喉、鼻、気管支などの粘膜に炎症を起こす病気。インフルエンザウイルスによって引き起こすこともあります。
3） 一定の資格を持って病気を治すことを職業としている人。
4） 頭部に感じる痛み。
5） 口の中、歯など口腔内の病気の予防や治療を行う所。

レベルアップ&クイズの単語

28

□ 작다 （小さい）

□ 구두 （くつ）

□ 신다 （履く）

□ 발이 아프다 （足が痛い）

□ 운동 (을) 하다
（運動をする）

□ 배가 고프다
（お腹が空く）

□ 오전 （午前）

□ 맑다 （晴れる）

□ 오후 （午後）

□ 비가 오다 （雨が降る）

□ 슬프다 （悲しい）

□ 영화 （映画）

□ 보다 （見る）

□ 자꾸 （しきりに）

□ 눈물이 나다 （涙が出る）

□ 발음 （発音）

□ 어렵다 （難しい）

□ 점점 （だんだん、ますます）

□ 재미있다 （面白い）

□ 에베레스트산
（エベレスト山）

□ 사람 （人）

□ 꽤 （かなり）

□ 책 （本）

□ 넣다 （入れる）

□ 무겁다 （重い）

□ 요즘 （この頃）

□ 저녁 （夕方）

□ -되다 （〜なる）

□ 춥다 （寒い）

□ 지난달 （先月）

□ -보다 （〜より）

□ 값이 비싸다
（値段が高い）

□ 많이 （たくさん）

□ 배가 아프다
（お腹が痛い）

□ 친구 （友達）

□ 집에 가다 （家に行く）

□ 초대받다 （招待される）

□ 애인 （恋人）

□ 없다 （ない／いない）

□ 많다 （多い）

□ 감기 （風邪）

□ 의사 （医者）

□ 두통 （頭痛）

□ 병원 （病院）

□ 기침 （咳）

□ 콧물 （鼻水）

□ 치과 （歯科）

제 십 과

앉아서 천천히 볼까요?

마키 : 서점이 꽤 넓고 책 종류도 많네요.

철수 : 분야별로 **돼 있으니까** 여기저기 둘러 봅시다.

마키 : 네, 좋아요.

철수 : 빈자리가 **있군요**. 앉아서 천천히 볼까요?

마키 : 그래요. 전 잡지나 만화책을 **보면서** 읽고 싶은 책을 **사야겠어요.**

＊本文の日本語訳を完成してみましょう!!

マ　　キ：書店がかなり広くて本の種類も多いで
　　　　　すね。

チョルス：＿＿＿＿＿＿＿＿＿＿＿＿＿＿＿＿
　　　　　あちこち見て回りましょう。

マ　　キ：はい、いいですね。

チョルス：＿＿＿＿＿＿＿＿＿＿＿＿＿＿＿。
　　　　　座ってゆっくり見ましょうか。

マ　　キ：そうしましょう。
　　　　　私は雑誌とか漫画を＿＿＿＿＿＿、
　　　　　＿＿＿＿＿＿＿＿＿＿＿＿＿＿＿。

● 本文の＿＿＿で塗った単語を①～③までの単語にそれぞれ入れ替えて会話の練習をしてみましょう。

本文	돼 (なって)	여기저기 (あちこち)	읽고 싶은 책 (読みたい本)
①	나누어져 (分かれて)	이쪽저쪽 (あちらこちら)	신간 서적 (新刊書籍)
②	분류돼 (分類されて)	이곳저곳 (あちこち)	추천 도서 (推薦図書)
③	정리돼 (整理されて)	여기저기 (あちこち)	미스터리 소설책 (ミステリー小説)

本文の単語

□ 서점 (書店)
□ 넓다 [널따] (広い)
□ 종류 [종뉴] (種類)
□ 분야별 [부냐별] (分野別)
□ 여기저기 (あちこち)
□ 빈자리 (空席)
□ 천천히 [천처니] (ゆっくり)
□ 잡지 [잡찌] (雑誌)
□ 사다 (買う)

□ 꽤 (かなり)
□ 책 (本)
□ 많다 [만타] (多い)
□ 돼 있다 [돼 인따] (なっている)
□ 둘러 보다 (見て回る、見回す)
□ 앉다 [안따] (座る)
□ 보다 (見る)
□ 읽고 싶다 [일꼬 십따] (読みたい)
□ 만화책 [마놔책] (漫画、コミックブック)

学習ポイント

10-1 －아/어 있다 (〜してある／いる)

用言の語幹に付いて、ある動作が完了し、その完了した状態が継続することを表します。「해요体」の形をとります (p98参照)。ここの「-아/어」は連用形なので注意しましょう。

남다 (余る)	－ 남아요	－ 남아 있어요	－ 남아 있습니다
줄서다 (並ぶ)	－ 줄서요	－ 줄서 있어요	－ 줄서 있습니다
놓이다 (置かれる)	－ 놓여요	－ 놓여 있어요	－ 놓여 있습니다

※日本語訳は現在進行形「-고 있다 (〜している)」と同じなので間違わないようにしましょう。

- 서재에 책이 잘 정리돼 있어요.
- 창문이 열려 있었습니다.
- 저기에 앉아 있는 사람은 누구예요?

10-2 －군요 (〜なんですね)

用言の語幹や体言に付いて納得や感心を表します。

動詞の場合 (ㄹ語幹の場合 「ㄹ」脱落)	語幹 ＋ 는군요	즐기다 (楽しむ)	－ 즐기는군요
		접다 (畳む)	－ 접는군요
		빌다 (祈る)	－ 비는군요
形容詞・存在詞 の場合	語幹 ＋ 군요	날씬하다 (スリムだ)	－ 날씬하군요
		똑같다 (まったく同じだ)	－ 똑같군요
		귀엽다 (可愛い)	－ 귀엽군요
		있다 (ある、いる)	－ 있군요
指定詞の場合	語幹 ＋ (이)군요	잡지이다 (雑誌だ)	－ 잡지군요
過去形の場合	語幹 ＋ 군요	말하다 (話す)	－ 말했군요
		어리석다 (愚かだ)	－ 어리석었군요

- 오늘은 아주 피곤하군요.
- 음식 솜씨가 대단히 좋군요.
- 참 친절한 사람이군요.

10-3 －아/어야겠다 (〜するつもりだ、〜しなければならない)

用言の語幹について話し手の強い意思、または状況の当為性を表します。「해요体」の形をとります（p98参照）。

일하다 (働く)	－ 일해요	－ 일해야겠어요	－ 일해야겠습니다
나누다 (分ける)	－ 나눠요	－ 나눠야겠어요	－ 나눠야겠습니다
입다 (着る)	－ 입어요	－ 입어야겠어요	－ 입어야겠습니다

- 내년에는 어학연수를 가야겠어요.
- 이번 시험에는 꼭 합격해야겠어요.
- 여름방학에 운전을 배워야겠어요.

10-4 －(으)면서 (〜しながら)

用言の語幹に付いて、話し手の動作二つが同時に行われることを表します。

母音語幹の場合 「－면서」	갈아타다 (乗り換える)	－ 갈아타면서
	뛰다 (駆ける、跳ぶ)	－ 뛰면서
子音語幹の場合 「－으면서」	닫다 (閉める)	－ 닫으면서
	가볍다 (軽い)*	－ 가벼우면서
ㄹ語幹の場合 「－면서」	달다 (甘い)	－ 달면서
	울다 (泣く)	－ 울면서
名詞の場合 「－(이)면서」	기자이다 (記者だ)	－ 기자면서
	모델이다 (モデルだ)	－ 모델이면서

＊「ㅂ」変則に注意しましょう（p100参照）。

- 공부를 하면서 음악을 들어요.
- 밥을 먹으면서 스마트폰을 봐요.
- 그 사람은 가수면서 배우예요.

グループで練習

一人（リーダー）が色を塗った部分を韓国語訳して言い、それに続いてみんなが一文全体を韓国語訳して復唱しましょう。日本語だけで韓国語がすらすら言えるように何回も繰り返し練習し、練習が終了したら各自覚えた文章を書いてみましょう。

① 먹으면서　　　　ご飯を食べながらスマートフォンを見ます。
　가수면서　　　　その人は歌手でありながら俳優です。
　하면서　　　　　勉強をしながら音楽を聞きます。

② 피곤하군요.　　　今日はとても疲れますね。
　사람이군요.　　　とても親切な人ですね。
　좋군요.　　　　　料理の腕前がすごく上手ですね。

③ 앉아 있는　　　　あそこに座っている人は誰ですか。
　열려 있었습니다.　窓が開いていました。
　정리돼 있어요.　　書斎に本がよく整理されています。

④ 합격해야겠어요.　今度の試験には必ず合格しなければなりません。
　가야겠어요.　　　来年は語学研修に行くつもりです。
　배워야겠어요.　　夏休みに運転を習うつもりです。

レベルアップ

1. 次の絵を見て右の単語を活用させ、文を完成させましょう。

① 서다 (立つ)

② 앉다 (座る)

③ 놀다 (遊ぶ)

④ 켜지다 (点く)

⑤ 열리다 (開く)

⑥ 걸리다 (掛かる)

⑦ 떨어지다 (落ちる)

방 안에 철수 씨, 마키 씨, 하늘 씨가 있어요.

철수 씨는 커피를 마시면서 창문 옆에 ① _____ .

마키 씨는 잡지를 보면서 의자에 ② _____ .

하늘 씨는 소파에서 고양이하고 ③ _____ .

방에 텔레비전은 ④ _____ , 창문은 ⑤ _____ .

벽에는 시계랑 달력이 ⑥ _____ .

쓰레기통 옆에 쓰레기가 ⑦ _____ .

2. 「-(으)면서」を使って文を完成しましょう。

① 요리를 하다 / 와인을 마셔요

→ _____

② 야구를 보다 / 스트레스를 풀었어요

→ _____

③ 트위터를 하다 / 라인은 안 봐요

→ _____

④ 크게 웃다 / 이야기를 했어요

→ _____

3. 「-아/어야겠다」を使って해요体の文を完成させましょう。

① 더워서 시원한 옷을 입다.

→ _____

② 잠바를 사러 백화점에 가다.

→ _____

③ 내일부터 시험준비를 하다.

→ _____

④ 건강을 위해서 하루에 30분씩 걷다.

→ _____

4. 次の文を韓国語に訳してみましょう。

① この映画はとても面白いですね。(「-군요」を使うこと)

→ _____

② 韓国語を一生懸命習うつもりです。(「-아/어야겠다」を使うこと)

→ _____

③ かけっこが上手ですね。(「-군요」を使うこと)

→ _____

④ 花がきれいに咲いています。

→ _____

Q クイズ 무엇일까~요?　맞혀보세요. (何でしょうか。当ててみましょう)

a) 소설　　b) 추천　　c) 번역　　d) 신문
e) 시집　　f) 수필　　g) 출판사　　h) 주간지

1）本や雑誌などを印刷して出版することを専門にする会社。
2）事件や事故をいち早く知らせるための定期刊行物。政治・経済・社会・スポーツや国際情勢などが載っています。
3）詩を集めた書物。
4）原則として週1回刊行される雑誌。
5）文学の一形式で、散文体で書かれた事実または虚構の物語。

レベルアップ&クイズの単語

31

- □ 방 (部屋)
- □ 안 (中)
- □ 커피 (コーヒー)
- □ 마시다 (飲む)
- □ 창문 (窓)
- □ 옆 (横、隣)
- □ 잡지 (雑誌)
- □ 보다 (見る)
- □ 의자 (椅子)
- □ 소파 (ソファー)
- □ 고양이 (猫)
- □ 텔레비전 (テレビ)
- □ 벽 (壁)
- □ 시계 (時計)
- □ 달력 (カレンダー)
- □ 쓰레기통 (ゴミ箱)
- □ 요리(를) 하다 (料理をする)
- □ 와인 (ワイン)
- □ 야구 (野球)
- □ 스트레스를 풀다 (ストレスを解消する)

- □ 트위터 (ツイッター)
- □ 라인 (LINE)
- □ 크게 (大きく)
- □ 웃다 (笑う)
- □ 이야기(를) 하다 (話す、話をする)
- □ 덥다 (暑い)
- □ 시원하다 (涼しい)
- □ 옷 (服)
- □ 입다 (着る)
- □ 잠바 (ジャンパー)
- □ 백화점 (デパート)
- □ 가다 (行く)
- □ 내일 (明日)
- □ −부터 (〜から)
- □ 시험 (試験)
- □ 준비 (準備)
- □ 건강 (健康)
- □ 위해서 (ために)
- □ 하루 (一日)
- □ −씩 (〜ずつ)

- □ 걷다 (歩く)
- □ 영화 (映画)
- □ 아주 (とても)
- □ 재미있다 (面白い)
- □ 열심히 (熱心に、一生懸命)
- □ 배우다 (習う)
- □ 달리기 (かけっこ)
- □ 잘하다 (上手い、上手だ)
- □ 꽃 (花)
- □ 예쁘다 (きれいだ)
- □ 피다 (咲く)
- □ 소설 (小説)
- □ 추천 (推薦)
- □ 번역 (翻訳)
- □ 신문 (新聞)
- □ 시집 (詩集)
- □ 수필 (エッセイ)
- □ 출판사 (出版社)
- □ 주간지 (週刊誌)

제 **십일** 과

우체국에 가서 부치기로 했어요.

철수 : 요즘 많이 **바쁘지요?**

마키 : 네, 돌아갈 준비를 **하느라** 정신이
　　　 없어요. 친구도 **만나야 되는데**……

철수 : 짐은 부쳤어요?

마키 : 아뇨, 내일 우체국에 가서 **부치기로
　　　 했어요.**

철수 : 그런데 선물은 다 샀어요?

마키 : 부모님께 드릴 선물은 아직……

＊本文の日本語訳を完成してみましょう!!

チョルス：最近とても＿＿＿＿＿＿＿＿＿＿＿。

マ　　キ：はい、＿＿＿＿＿＿＿＿＿＿＿
　　　　　落ち着かないでいます。
　　　　　友達にも＿＿＿＿＿＿＿＿＿…

チョルス：荷物は送りましたか。

マ　　キ：いいえ、明日郵便局に行って
　　　　　＿＿＿＿＿＿＿＿＿＿＿＿＿。

チョルス：ところで、プレゼントはすべて買いましたか。

マ　　キ：両親に差し上げるプレゼントはまだ…

● 本文の　　　　で塗った単語を①〜③までの単語にそれぞれ入れ替えて会話の練習をしてみましょう。

本文	친구 (友達)	짐 (荷物)	다 (すべて)
①	선생님 (先生)	소포 (小包)	어느 정도 (おおよそ)
②	은사님 (恩師)	가방 (カバン)	전부 (全部)
③	동아리 친구 (サークルの友達)	책 (本)	모두 (すべて)

本文の単語

- □ 요즘 (最近、この頃)
- □ 바쁘다 (忙しい)
- □ 돌아가다 [도라가다] (帰る)
- □ 준비 (準備)
- □ 정신(이) 없다 [정시니 업따] (落ち着かないでいる、何が何だか分からない)
- □ 짐을 부치다 [지믈 부치다] (荷物を送る)
- □ 내일 (明日)
- □ 우체국 (郵便局)
- □ 선물 (プレゼント)
- □ 부모님께 (両親に。「-께」は「-에게」の敬語)
- □ 드리다 (差し上げる)
- □ 아직 (まだ)

学習ポイント

11-1 으 변칙 (으変則)

語幹が「으」で終わる用言に「-아/어」で始まる語尾が付くと変則に活用します。

1. 「-아/어요 (～です)」「-아/어서 (～して)」のように、語幹の後に「-아/어」で始まる語尾が続く場合は、変則活用します。

---
① 「ㅡ」前の文字が**陽母音**の場合は、「ㅡ」が脱落して「ㅏ」が付きます。

　나쁘다 (悪い)：나쁘 + 아요 → 나빠요

　고프다 (お腹が空く)：고프 + 아요 → 고파요

---
② 「ㅡ」前の文字が**陰母音**の場合は、「ㅡ」が脱落して「ㅓ」が付きます。

　기쁘다 (嬉しい)：기쁘 + 어요 → 기뻐요

　슬프다 (悲しい)：슬프 + 어요 → 슬퍼요

---
③ 「ㅡ」前の文字が**無い**場合は、「ㅡ」が脱落して「ㅓ」が付きます。

　크다 (大きい)：크 + 어요 → 커요

　끄다 (消す)：끄 + 어요 → 꺼요

2. 「-고 (～して、並列の時)」「-지만 (～けど)」「-(으)면 (～なら)」のように、語幹の後に「-ㄱ」「-ㅈ」「-으」で始まる語尾が付く場合は、変則が起こりません。

　나쁘다 (悪い)　　　- 나쁘고　　　- 나쁘지만　　　- 나쁘면

　기쁘다 (嬉しい)　　- 기쁘고　　　- 기쁘지만　　　- 기쁘면

- 몸이 아프면 병원에 가 보세요.
- 운전면허시험에 합격해서 아주 기뻤어요.
- 이 영화는 슬프지만 감동적이에요.

11-2 −느라(고)　(〜するため、〜するのに、〜するので、〜ようと)

用言の語幹に付いて原因や理由を表します。

지키다 (守る)　－　지키느라고　　　건너다 (渡る)　－　건너느라고
씻다 (洗う)　　－　씻느라고　　　　만들다 (作る)　－　만드느라고 (ㄹ脱落)

• 발표 준비를 하느라 잠도 못자고 힘들어요.
• 어제는 비자를 발급받느라고 아주 바빴어요.
• 친구하고 노느라 시간 가는 것도 몰랐어요.

11-3 −아/어야 되다　(〜しなければならない)

用言の語幹に付いて義務や当然を表します。「−아/어야 하다」に置き換えることができます。「해요体」の形をとります (p98参照)。

행복하다 (幸せだ)　－　행복해요　　－행복해야 돼요　　－행복해야 해요
놓다 (置く)　　　　－　놓아요　　　－　놓아야 돼요　　－　놓아야 해요
털다 (はたく、払う)　－　털어요　　　－　털어야 돼요　　－　털어야 해요

• 냉장고 문은 빨리 닫아야 해요.
• 비가 많이 와서 우산을 써야 해요.
• 담배는 몸에 안 좋으니까 끊어야 돼요.

11-4 −기로 하다　(〜することにする)

用言の語幹に付いて決定、決心、約束を表します。主に、過去形の「−기로 했어요 (〜することにしました)」の形で使います。

떠나다 (発つ)　－　떠나기로 해요　－　떠나기로 했어요　－　떠나기로 했습니다
다니다 (通う)　－　다니기로 해요　－　다니기로 했어요　－　다니기로 했습니다
놀다 (遊ぶ)　　－　놀기로 해요　　－　놀기로 했어요　　－　놀기로 했습니다

• 다음 주부터 요가를 배우기로 했어요.
• 내일 또 만나기로 해요.
• 언덕 위 바다가 내다보이는 곳에서 살기로 했습니다.

グループで練習

33 一人（リーダー）が色を塗った部分を韓国語訳して言い、それに続いてみんなが一文全体を韓国語訳して復唱しましょう。日本語だけで韓国語がすらすら言えるように何回も繰り返し練習し、練習が終了したら各自覚えた文章を書いてみましょう。

① 만나기로 해요.　明日また会うことにしましょう。

　살기로 했습니다.　丘の上、海が見えるところで住むことにしました。

　배우기로 했어요.　来週からヨガを習うことにしました。

② 끊어야 돼요.　タバコは体に良くないので止めなくてはなりません。

　닫아야 해요.　冷蔵庫のドアは早く閉めなくてはなりません。

　써야 해요.　雨が多く降るので傘を差さなくてはなりません。

③ 아주 기뻤어요.　運転免許試験に合格してとてもうれしかったです。

　몸이 아프면　体調が悪ければ病院に行ってみてください。

　이 영화는 슬프지만　この映画は悲しいですが感動的です。

④ 발표 준비를 하느라　発表準備のために寝られなくて大変です。

　비자를 발급받느라고　昨日はビザを発給してもらうのにとても忙しかったです。

　친구하고 노느라　友達と遊んでいたら時間が経つのも忘れてしまいました。

レベルアップ

1. 次の으変則に関する表を完成しましょう。(これらのものを利用して文を作ってみてください)

基本形	−아/어요 終止形（〜です）	−고 （〜て）	−지만 （〜けど）	−（으）면 仮定形（〜なら）
① 바쁘다 (忙しい)				
② 아프다 (痛い)				
③ 고프다 (お腹が空く)				
④ 예쁘다 (きれいだ)				
⑤ 쓰다 (書く、使う)				
⑥ 모으다 (集める)				
⑦ 따르다 (従う、注ぐ)				
⑧ 끄다 (消す)				

2. _____ 部分を適切な韓国語に訳して文を完成しましょう。

① 아이스크림을 많이 먹어서 <u>お腹が痛いです</u>。(배가 아프다)

→ _____

② 학교 대표로 마라톤 대회에 나갈 수 있어서 아주 <u>嬉しいです</u>。(기쁘다)

→ _____

③ 이 가방은 <u>大きいですが</u> 생각보다 많이 넣을 수 없어요. (크다)

→ _____

④ 여기에 주소를 <u>書いてください</u>。(쓰다)

→ _____

3. 次の質問に「−기로 하다」を使って答えてみましょう。

① A：어디에 가요? (친구 / 축제에 가다)

B： _____

② A : 아르바이트는 어때요? (힘들다 / 그만두다)

　 B : _____

③ A : 저녁을 먹으러 갈까요? (집 / 가족 / 삼겹살 / 구워 먹다)

　 B : 미안해요. _____

4. 次の質問に「-느라(고)」、または「-느라(고)요」を使って答えてみましょう。

① 사진을 왜 안 가져왔어요? (빨리 오다 / 잊어버렸어요)

　 → _____

② 시간이 왜 이렇게 많이 걸렸어요? (맛있는 음식 / 만들다)

　 → _____

③ 왜 서 있어요? (응원하다)

　 → _____

5. 次の文を韓国語に訳してみましょう。
① 約束は必ず守らなければなりません。

　 → _____

② 韓国にいる友達にプレゼントを送ることにしました。

　 → _____

③ 庭にきれいなバラの花がたくさん咲いています。

　 → _____

Q クイズ 무엇일까～요?　맞혀보세요. (何でしょうか。当ててみましょう)

a) 택배　　　　b) 소포　　c) 선편　　d) 우체국쇼핑
e) EMS(국제특급우편)　f) 예금　　g) 보험　　h) 등기우편

1) 船で荷物・郵便物などを送ること。船舶の便。
2) 郵便物、荷物、商品などを顧客の家あるいは要求する場所まで配達すること。
3) 郵便物の特殊取扱の一つ。引き受けから配達までの郵便物等の送達過程を記録し確実な送達を図ります。
4) 国際郵便の業務で、ものを最速に配達するサービス。
5) 小さい包み。小包郵便物の略称。

レベルアップ&クイズの単語

🎧 34

□ 아이스크림
  (アイスクリーム)

□ 많이 (たくさん、多く)

□ 먹다 (食べる)

□ 학교 (学校)

□ 대표 (代表)

□ 마라톤 대회
  (マラソン大会)

□ 나가다 (出る、出て行く)

□ 아주 (とても)

□ 생각보다 (思ったより)

□ 넣다 (入れる)

□ 없다 (ない、いない)

□ 여기 (ここ)

□ 주소 (住所)

□ 어디 (どこ)

□ 친구 (友達)

□ 축제 (祭り)

□ 아르바이트 (アルバイト)

□ 어때요? (どうですか)

□ 힘들다 (大変だ、きつい)

□ 그만두다 (やめる)

□ 저녁 (夕方、夕食)

□ 집 (家)

□ 가족 (家族)

□ 삼겹살 (サムギョプサル)

□ 구워 먹다
  (焼いて食べる)

□ 미안하다
  (すまない、申し訳ない)

□ 사진 (写真)

□ 왜 (どうして、なぜ)

□ 안- (〜しない)

□ 가져오다 (持って来る)

□ 빨리 (早く)

□ 오다 (来る)

□ 잊어버리다
  (忘れてしまう)

□ 시간 (時間)

□ 이렇게 (こんなに)

□ 걸리다 (かかる)

□ 맛있다 (美味しい)

□ 음식 (料理、食べ物)

□ 만들다 (作る)

□ 서다 (立つ)

□ 응원 (応援)

□ 꼭 (必ず)

□ 지키다 (守る)

□ 선물 (プレゼント)

□ 보내다 (送る)

□ 마당 (庭)

□ 장미꽃 (バラの花)

□ 피다 (咲く)

□ 택배 (宅配)

□ 소포 (小包)

□ 선편 (船便)

□ 우체국쇼핑
  (ふるさと小包)

□ EMS (국제특급우편)
  (EMS〔国際特急郵便〕)

□ 예금 (預金)

□ 보험 (保険)

□ 등기우편 (書留郵便)

제 십이 과

일본에 오면 꼭 연락하세요.

철수 : 내일 일본으로 귀국하지요?
　　　한국 유학은 **어땠어요?**

마키 : 한국어**뿐만 아니라** 한국 문화도 많이
　　　알게 돼서 좋은 추억이 될 것 같아요.

철수 : 나도 마키 씨 덕분에 일본**에 대한**
　　　관심이 더 커졌어요. 그래서 내년에
　　　일본에 갈 예정이에요.

마키 : 정말이에요? 일본에 오면 꼭 연락하세요.
　　　일본에서 또 만납시다!!

＊本文の日本語訳を完成してみましょう!!

チョルス：明日日本へ帰国するのですね。
　　　　　＿＿＿＿＿＿＿＿＿＿＿＿＿＿。

マ　　キ：＿＿＿＿＿、韓国文化もたくさん知るよ
　　　　　うになってよい思い出になりそうです。

チョルス：私もマキさんのおかげで＿＿＿＿＿＿＿
　　　　　　　　　　　　もっと大きくなりました。
　　　　　それで、来年日本に行く予定です。

マ　　キ：本当ですか。日本に来たら必ず連絡し
　　　　　てください。日本で＿＿＿＿＿＿!!

● 本文の 　　　　で塗った単語を①〜③までの単語にそれぞれ入れ替えて会話の練習をしてみましょう。

本文	문화 (文化)	좋은 (良い)	연락하세요 (連絡ください)
①	습관 (習慣)	멋진 (すてきな)	알려 주세요 (お知らせください)
②	풍습 (風習)	뜻깊은 (意味深い)	전화하세요 (電話ください)
③	풍속 (風俗)	잊지 못할 (忘れられない)	메일 주세요 (メールください)

本文の単語

□ 귀국하다 ［귀구카다］ （帰国する）
□ 어떻다 ［어떠타］ （どうだ）
□ 추억 （思い出）
□ 관심 （関心）
□ 커지다 （大きくなる）
□ 내년 （来年）
□ 정말 （本当）
□ 연락하다 ［열라카다］ （連絡する）
□ 만나다 （会う）

□ 유학 （留学）
□ 문화 ［무놔］ （文化）
□ 덕분에 ［덕뿌네］ （お陰で）
□ 더 （もっと）
□ 그래서 （それで）
□ 예정 （予定）
□ 꼭 （必ず）
□ 또 （また）

学習ポイント

12-1 ㅎ 변칙 (ㅎ変則)

語幹が「ㅎ」で終わる用言に「-(으)」「-아/어」で始まる語尾が付くと変則に活用します。

1. 「-(으)ㄴ（形容詞の現在連体形）」「-아/어요（〜ます）」のように、語幹の後に「-(으)」「-아/어」で始まる語尾が付く場合は、変則活用します。

① 「-(으)」で始まる語尾が付く場合：「ㅎ」が脱落して「ㄴ」が付きます。

파랗다 (青い)　　　　　→ 파란
그렇다 (そうだ)　　　　→ 그런

② 「-아/어」で始まる語尾が付く場合：「ㅎ」が脱落して「-아/어」が「애」に、「-야/여」は「얘」になります。

파랗다 (青い)　　　　　→ 파래요
그렇다 (そうだ)　　　　→ 그래요
하얗다 (白い)　　　　　→ 하얘요

※ただし、좋다（良い）、싫다（嫌いだ）、괜찮다（大丈夫だ）、많다（多い）、넣다（入れる）、놓다（置く）、낳다（生む）は「規則」なので注意しましょう。

2. 「-고（〜して、並列の時）」「-지만（〜けど）」のように、語幹の後に「-ㄱ」「-ㅈ」で始まる語尾が付く場合は、変則は起こりません。

파랗다 (青い)　　　　　– 파랗고　　　　– 파랗지만
그렇다 (そうだ)　　　　– 그렇고　　　　– 그렇지만

• 하늘이 높고 파래요.
• 어떤 음악을 좋아해요?
• 음악회에 빨간 드레스를 입고 갈 거예요.

12-2　-(으)ㄹ 뿐만 아니라 (~だけでなく、~であるのみならず)

　　用言の語幹に付いて、ある事柄に対してそれだけで終わるのではなく、それ以外にも追加することがある時に用います。名詞の場合は「-뿐만 아니라」になります。

母音語幹の場合 「-ㄹ 뿐만 아니라」	죄송하다 (申し訳ない)	- 죄송할 뿐만 아니라
	피다 (咲く)	- 필 뿐만 아니라
子音語幹の場合 「-을 뿐만 아니라」	낮다 (低い)	- 낮을 뿐만 아니라
	늦다 (遅い)	- 늦을 뿐만 아니라
ㄹ語幹の場合 (ㄹ脱落) 「-ㄹ 뿐만 아니라」	걸다 (掛ける)	- 걸 뿐만 아니라
	물다 (噛む)	- 물 뿐만 아니라

- 이 딸기는 클 뿐만 아니라 아주 달아요.
- 바람이 강하게 불 뿐만 아니라 비도 많이 왔어요.
- 치마뿐만 아니라 바지도 잘 어울려요.

12-3　-게 되다 (~することになる、~するようになる、~くなる)

　　用言の語幹に付いて事柄の状況の変化を表します。

비슷하다 (似ている)　- 비슷하게 되다　- 비슷하게 돼요　- 비슷하게 됐어요
믿다 (信じる)　　　 - 믿게 되다　　 - 믿게 돼요　　 - 믿게 됐어요

- 추워서 옷을 많이 입게 돼요.
- 나무를 심었더니 공원이 아름답게 됐어요.
- 이곳에 지하철역이 생겨서 편리하게 됐어요.

12-4　-에 대한 (~に対する)

　　体言に付いて内容の対象を差す時に使います。類似した言葉に「-에 관한 (~関する)」があります。また、「-에 대해서 (~に対して)」「-에 관해서 (~に関して)」もよく使います。

음식 (食べ物)　　　 - 음식에 대한　　- 음식에 관한
취업 (就職)　　　　- 취업에 대한　　- 취업에 관한

- 서비스에 대한 불만이 커졌어요.
- 자전거 여행에 대한 관심이 생겼어요.
- 일본 온천에 관한 얘기를 했어요.

グループで練習

36 　一人（リーダー）が色を塗った部分を韓国語訳して言い、それに続いてみんなが一文全体を韓国語訳して復唱しましょう。日本語だけで韓国語がすらすら言えるように何回も繰り返し練習し、練習が終了したら各自覚えた文章を書いてみましょう。

---

① 아름답게 됐어요.　木を植えたら公園が美しくなりました。
　입게 돼요.　寒いので服をたくさん着るようになります。
　편리하게 됐어요.　ここに地下鉄の駅が出来て便利になりました。

---

② 온천에 관한　日本の温泉に関する話をしました。
　서비스에 대한　サービスに対する不満が大きくなりました。
　여행에 대한　自転車旅行に対する関心を持つようになりました。

---

③ 클 뿐만 아니라　このイチゴは大きいだけでなくとても甘いです。
　치마뿐만 아니라　スカートだけでなくズボンもよく似合います。
　불 뿐만 아니라　風が強く吹くのみならず雨もたくさん降りました。

---

④ 어떤 음악　どんな音楽が好きですか。
　파래요.　空が高くて青いです。
　빨간 드레스　音楽会に赤いドレスを着て行くつもりです。

レベルアップ

1. 次のㅎ変則に関する表を完成しましょう。(これらのものを利用して文を作ってみてください)

基本形	-아/어요 終止形 (〜です)	- (으) ㄴ 形容詞の現在連体形	-고 (〜て)	-지만 (〜けど)
① 이렇다 (こうだ)				
② 저렇다 (ああだ)				
③ 어떻다 (どうだ)				
④ 빨갛다 (赤い)				
⑤ 노랗다 (黄色い)				
⑥ 까맣다 (黒い)				
⑦ 하얗다 (白い)				
⑧ 괜찮다 (大丈夫だ)				

2. _____ 部分を適切な韓国語に訳して文を完成しましょう。

① どんな 音楽を 好아합니까? (어떻다)

→ _____

② 선물로 黄色い 손수건을 받았어요. (노랗다)

→ _____

③ 아마 오늘은 良い 소식이 있을 거예요. (좋다)

→ _____

④ 밤새 눈이 내려서 집 앞이 白く 변했어요. (하얗다)

→ _____

3. 「-(으)ㄹ 뿐만 아니라」を使って文を完成しましょう。

① 가격이 싸다 / 맛도 좋다

→ _____

② 일이 힘들다 / 많이 바쁘다

　→ _____

③ 산이 높다 / 아주 험하다

　→ _____

④ 개 / 고양이도 기르다

　→ _____

4. 「-에 대한」を使って文を完成しましょう。

① 인터넷 / 설명을 들었어요

　→ _____

② 꿈 / 이야기를 듣고 싶어요

　→ _____

③ 연주회 / 감상을 들려주세요

　→ _____

④ 컴퓨터 / 지식이 없어요

　→ _____

5. 次の文を韓国語に訳してみましょう。

① 時間がなくて空港までタクシーで行くことになりました。

　→ _____

② 仁寺洞だけではなく、東大門市場にも行きたいです。

　→ _____

③ この店は親切であるのみならず、食べ物も美味しいです。

　→ _____

④ 今回の試験は韓国語の聞き取りに関する問題が難しかったです。

　→ _____

Q クイズ 무엇일까~요? 맞혀보세요. (何でしょうか。当ててみましょう)

a) 면세점　　b) 보안검사　　c) 세관　　　d) 여권

e) 출국장　　f) 수속　　　g) 공항철도

1）国境を通過する要地に設置されて出入国旅客の携帯品などに対して輸出入、その他の許可、関税および取締りを行う国家機関。

2）空港などで国から出ていく場所。

3）外国人旅行者のために商品に課す税金を免除して売る商店。

4）外国を旅行したり滞在したりする時に自国民に対して交付する公文書。旅券。

5）空港で飛行機に乗る前に受けるセキュリティチェック。

レベルアップ&クイズの単語 Q

☐ 음악 (音楽)
☐ 좋아하다 (好きだ)
☐ 선물 (プレゼント)
☐ 손수건 (ハンカチ)
☐ 받다 (受ける)
☐ 아마 (多分、恐らく)
☐ 오늘 (今日)
☐ 소식 (便り、消息)
☐ 밤새 (一晩中。「밤사이」の縮約型)
☐ 눈이 내리다 (雪が降る)
☐ 집 (家)
☐ 앞 (前)
☐ 변하다 (変わる)
☐ 가격 (値段、価格)
☐ 싸다 (安い)
☐ 맛 (味)
☐ 일 (仕事)
☐ 힘들다 (大変だ、きつい)
☐ 바쁘다 (忙しい)
☐ 산 (山)

☐ 높다 (高い)
☐ 아주 (とても)
☐ 험하다 (険しい)
☐ 개 (犬)
☐ 고양이 (猫)
☐ 기르다 (飼う、育てる)
☐ 인터넷 (インターネット)
☐ 설명 (説明)
☐ 듣다 (聞く)
☐ 꿈 (夢)
☐ 이야기 (話)
☐ 연주회 (演奏会)
☐ 감상 (鑑賞)
☐ 들려주다 (聞かせる)
☐ 컴퓨터 (コンピューター)
☐ 지식 (知識)
☐ 없다 (ない/いない)
☐ 시간 (時間)
☐ 공항 (空港)
☐ -까지 (～まで)

☐ 택시 (タクシー)
☐ 인사동 (仁寺洞)
☐ 동대문시장 (東大門市場)
☐ 가게 (店)
☐ 친절하다 (親切だ)
☐ 음식 (食べ物、料理)
☐ 맛있다 (美味しい)
☐ 이번 (今回、今度)
☐ 시험 (試験)
☐ 듣기 (聞き取り)
☐ 문제 (問題)
☐ 어렵다 (難しい)
☐ 면세점 (免税店)
☐ 보안검사 (保安検査)
☐ 세관 (税関)
☐ 여권 (パスポート)
☐ 출국장 (出国ゲート)
☐ 수속 (手続き)
☐ 공항철도 (空港鉄道)

1 －해요体

親しみのあるうち解けた丁寧語で、「～します」という意味です。用言の語幹が陽母音（「ㅏ，ㅗ」）で終わった場合は「－아요」を、用言の語幹が陰母音（「ㅏ，ㅗ 以外」）で終わった場合は「－어요」になります。ただし、「하다」用言は例外で「해요」になります。

語幹の最後の母音が「ㅏ，ㅗ」（陽母音）の場合	→ 語幹 ＋ －아요
語幹の最後の母音が「ㅏ，ㅗ 以外」（陰母音）の場合	→ 語幹 ＋ －어요
「하다」用言の場合	→ 해요

① 語幹が子音で終わる用言の場合

区分	基本形	語幹	語尾	平叙形	疑問形
陽母音	알다 分かる	알	＋ 아요	알아요 分かります	알아요? 分かりますか
	놀다 遊ぶ	놀		놀아요 遊びました	놀아요? 遊びますか
陰母音	먹다 食べる	먹	＋ 어요	먹어요 食べます	먹어요? 食べますか
	입다 着る	입		입어요 着ます	입어요? 着ますか

② 語幹が母音で終わる用言の場合（縮約形）

区分	基本形	語幹＋아요	縮約形	平叙形	疑問形
陽母音	가다 行く	가＋아요	ㅏ요	가요 行きます	가요? 行きますか
	오다 来る	오＋아요	ㅘ요	와요 来ます	와요? 来ますか

区分	基本形	語幹＋어요	縮約形	平叙形	疑問形
陰母音	보내다 送る	보내＋어요	ㅐ요	보내요 送ります	보내요? 送りますか
	서다 立つ	서＋어요	ㅓ요	서요 立ちます	서요? 立ちますか
	배우다 習う	배우＋어요	ㅝ요	배워요 習います	배워요? 習いますか
	마시다 飲む	마시＋어요	ㅕ요	마셔요 飲みます	마셔요? 飲みますか
	세다 強い	세＋어요	ㅔ요	세요 強いです	세요? 強いですか
	켜다 点ける	켜＋어요	ㅕ요	켜요 点けます	켜요? 点けますか
	되다 なる	되＋어요	ㅚ요	돼요 なります	돼요? なりますか

③ 「하다」用言の場合

基本形	平叙形	疑問形
공부하다 勉強する	공부해요 勉強します	공부해요? 勉強しますか
좋아하다 好きだ	좋아해요 好きです	좋아해요? 好きですか
노래하다 歌う	노래해요 歌います	노래해요? 歌いますか

2 과거형（過去形）

語幹の最後の母音が「ㅏ, ㅗ」（陽母音）の場合	→ 語幹 + -았
語幹の最後の母音が「ㅏ, ㅗ 以外」（陰母音）の場合	→ 語幹 + -었
「하다」用言の場合	→ 했

① 語幹が子音で終わる用言の場合

	基本形	語幹		過去の基本形	打ち解けた表現 +어요	改まった表現 +습니다
陽母音	받다（もらう）	받	+았	받았다	받았어요	받았습니다
	놀다（遊ぶ）	놀		놀았다	놀았어요	놀았습니다
	알다（知る）	알		알았다	알았어요	알았습니다
陰母音	먹다（食べる）	먹	+었	먹었다	먹었어요	먹었습니다
	입다（着る）	입		입었다	입었어요	입었습니다
	읽다（読む）	읽		읽었다	읽었어요	읽었습니다

② 語幹が母音で終わる用言の場合（縮約形）

	基本形	語幹		過去の基本形	打ち解けた表現 +았어요	改まった表現 +았습니다
陽母音	가다（行く）	가	+았	갔다	갔어요	갔습니다
	오다（来る）	오		왔다	왔어요	왔습니다
陰母音	서다（立つ）	서		섰다	섰어요	섰습니다
	내다（出す）	내		냈다	냈어요	냈습니다
	세다（強い）	세		셌다	셌어요	셌습니다
	켜다（点ける）	켜	+었	켰다	켰어요	켰습니다
	배우다（習う）	배우		배웠다	배웠어요	배웠습니다
	되다（なる）	되		됐다	됐어요	됐습니다
	마시다（飲む）	마시		마셨다	마셨어요	마셨습니다
	하다（する）	하	+였	했다	했어요	했습니다

3 ㅂ変則

語幹のパッチム「ㅂ」で終わる用言の多くが「ㅂ変則」です。

① 「-아/어」で始まる語尾が来ると、「ㅂ」が脱落し「-아/어」→「-워」に変わり、「-으」で始まる語尾が来ると、「ㅂ」が脱落し「으」→「우」に変わります。

② ただし、「돕다」「곱다」は「-아/어」→「-와」になるので、注意しましょう。

③ 形容詞の現在連体形の場合は、「ㅂ」が脱落し「운」が付きます。

④ 「-ㄱ」「-ㅈ」で始まる語尾が来ると、変則は起こりません。

	基本形		意味	変わる例			変わらない例	
				-(으)면 (〜なら)	-아/어요 (〜です)	-(으)ㄴ (現在連体形)	-고 (〜て)	-지만 (〜けど)
ㅂ変則	「-아/어」 ↓ 「-워」	가볍다	軽い	가벼우면	가벼워요	가벼운	가볍고	가볍지만
		어렵다	難しい	어려우면	어려워요	어려운	어렵고	어렵지만
		덥다	暑い	더우면	더워요	더운	덥고	덥지만
		춥다	寒い	추우면	추워요	추운	춥고	춥지만
		맵다	辛い	매우면	매워요	매운	맵고	맵지만
		고맙다	ありがたい	고마우면	고마워요	고마운	고맙고	고맙지만
		무섭다	怖い	무서우면	무서워요	무서운	무섭고	무섭지만
		가깝다	近い	가까우면	가까워요	가까운	가깝고	가깝지만
		아름답다	美しい	아름다우면	아름다워요	아름다운	아름답고	아름답지만
		쉽다	易しい	쉬우면	쉬워요	쉬운	쉽고	쉽지만
		즐겁다	楽しい	즐거우면	즐거워요	즐거운	즐겁고	즐겁지만
		귀엽다	可愛い	귀여우면	귀여워요	귀여운	귀엽고	귀엽지만
	「-아/어」 ↓ 「-와」	돕다	手伝う	도우면	도와요	도운	돕고	돕지만
		곱다	きれいだ	고우면	고와요	고운	곱고	곱지만
規則		입다	着る	입으면	입어요	입는	입고	입지만
		좁다	狭い	좁으면	좁아요	좁은	좁고	좁지만

※ 입다（着る）、좁다（狭い）、잡다（つかむ・握る）、씹다（噛む）、뽑다（抜く・選ぶ）、접다（折る）、업다（背負う）、넓다（広い）などは「規則」なので注意しましょう。

4 特殊な尊敬語

日本語に「食べる→召し上がる」などがあるように、韓国語にも次のような特殊な尊敬語があるので、覚えて使いましょう。

用言	있다 (いる)	→	계시다 (いらっしゃる)	말하다 (話す)	→	말씀하시다 (おっしゃる)
	먹다 (食べる)	→	드시다/ 잡수시다 (召し上がる)	주다 (やる)	→	드리다 (差し上げる)
	마시다 (飲む)	→	드시다 (召し上がる)	아프다 (痛い)	→	편찮으시다 (お加減が悪い)
	자다 (寝る)	→	주무시다 (お休みになる)	만나다 (会う)	→	뵙다 (お目にかかる)
	죽다 (死ぬ)	→	돌아가시다 (お亡くなりになる)	데리고 가다/오다 (連れて行く)	→	모시고 가다/오다 (お連れする)
体言	집 (家)	→	댁 (お宅)	말 (言葉)	→	말씀 (お言葉、お話)
	이름 (名前)	→	성함 (お名前)	나이 (年)	→	연세 (お年)
	밥 (飯)	→	진지 (お食事)	생일 (誕生日)	→	생신 (お誕生日)
	병 (病気)	→	병환 (お加減)	이 사람 (この人)	→	이 분 (この方)
	아버지 (父)	→	아버님 (お父さま)	어머니 (母)	→	어머님 (お母さま)
	아들 (息子)	→	아드님 (ご子息)	딸 (娘)	→	따님 (お嬢さま)
	선생 (先生)	→	선생님 (先生さま)	사장 (社長)	→	사장님 (社長さま)
助詞	-가/이 (〜が)	→	-께서 (〜が)	-에게/한테 (〜に)	→	-께 (〜に)
	-는/은 (〜は)	→	-께서는 (〜は)	-에게서/한테서 (〜から)	→	-께로부터 (〜から)
	-도 (〜も)	→	-께서도 (〜も)			

5 못に関して (→P29 学習ポイント3-4)

※「못-」の発音の変化に注意しましょう。

(例)

못 + ㄱㄷㅂㅈ	→	濃音化 (ㄲㄸㅃㅉ)	못 가요	[몯까요]
+ ㅁㄴ	→	鼻音化	못 먹어요	[몬머거요]
+ ㅎ	→	激音化	못해요	[모태요]
+ ㅣㄷㅑㅕㅛㅠ	→	ㄴ音の添加と鼻音化	못 입어요	[몬니버요]
+ 上記以外の母音 (ㅏㅓ…)	→	初声は有声音化	못 와요	[모돠요]

6 変則用言の連体形

※その他の変則に注意しましょう。

①ㅂ変則の場合

「ㅂ」が脱落して「운」が付きます

즐겁다 + 방학 → 즐거운 방학 (楽しい休み)

→ 즐겁던 (즐거웠던) 방학 (楽しかった休み)

②르変則の場合 (→P45 学習ポイント6-3)

「르」が脱落して、「ㄹ」+「라」または「ㄹ」+「러」が付きます

모르다 + 문제 → 모르는 문제 (知らない問題)

→ 모르던 (몰랐던) 문제 (知らなかった問題)

부르다 + 노래 → 부르는 노래 (歌う歌)

→ 부른/부르던 (불렀던) 노래 (歌った歌)

③ㄷ変則の場合 (→P61 学習ポイント8-4)

「ㄷ」が脱落して「ㄹ」が付きます

듣다 + 노래 → 듣는 노래 (聞く歌)

→ 들은/듣던 (들었던) 노래 (聞いた歌)

④ㅅ変則の場合 （→P68 学習ポイント9-2）

「ㅅ」が脱落します
짓다 + 아파트 → 짓는 아파트 （建てるアパート）
　　　　　　 → 지은/짓던 （지었던） 아파트 （建てたアパート）

⑤ㅡ変則の場合 （→P84 学習ポイント11-1）

「ㅡ」が脱落し、「ㅏ」または「ㅓ」が付きます
나쁘다 + 버릇 → 나쁜 버릇 （悪い癖）
　　　　　　 → 나쁘던 （나빴던） 버릇 （悪かった癖）

기쁘다 + 소식 → 기쁜 소식 （嬉しい便り）
　　　　　　 → 기쁘던 （기뻤던） 소식 （嬉しかった便り）

⑥ㅎ変則の場合 （→P92 学習ポイント12-1）

「ㅎ」が脱落して「ㄴ」が付きます
파랗다 + 하늘 → 파란 하늘 （青い空）
　　　　　　 → 파랗던 （파랬던） 하늘 （青かった空）

7 発音のルール

1．有声音化
　初声平音「ㄱ, ㄷ, ㅂ, ㅈ」は、語頭では ［k, t, p, tʃ］ と発音されますが、語中では ［g, d, b, dʒ］ と濁って発音されます。

부부　pupu （×）→ pubu （○）

누구 （誰） → ［nugu］　　바다 （海） → ［pada］　　어디 （どこ） → ［ɔdi］

2．連音化
①パッチムで終わる文字の次に「ㅇ」で始まる文字が続くと、パッチムが「ㅇ」に移ります。

パッチム + ㅇ母音 ⇒ 일본어 （日本語） → ［일보너］

②パッチム「ㅇ」は連音されずそのまま発音されます （その時後ろの母音は鼻濁音）。

パッチム「ㅇ」 + ㅇ母音 ⇒ 영어 （英語） → ［영어］

③2文字のパッチムの次に「ㅇ」で始まる文字が続くと、左側の子音字はパッチムとして残り、右側の子音字だけが移って連音されます。ただ、「ㄲ, ㅆ」のパッチムは一緒に連音されます。

2文字パッチム + ㅇ母音 ⇒ 있어요（あります） → [이써요]

④パッチム「ㅎ」は次に母音が来ると発音しません（「ㅎ」の無音化）。

パッチム「ㅎ」+ ㅇ母音 ⇒ 좋아요（良いです） → [조아요]

⑤パッチム「ㄴ,ㄹ,ㅁ,ㅇ」に「ㅎ」が続くと、「ㅎ」は弱化し、連音のように発音されます（「ㅎ」の弱音化）。

ㄴ			ㄴ		전화（電話）	→ [저놔]
ㄹ	+ ㅎ →		ㄹ	⇒	결혼（結婚）	→ [겨론]
ㅁ			ㅁ		삼호선（三号線）	→ [사모선]
ㅇ			ㅇ		은행（銀行）	→ [으냉]

⑥パッチム「ㄱ,ㄷ,ㅂ」はその前後に「ㅎ」が来ると［ㅋ,ㅌ,ㅍ］になります。

ㄱ			ㅋ		부탁하다（頼む）	→ [부타카다]
ㄷ	+ ㅎ →		ㅌ	⇒	좋다（良い）	→ [조타]
ㅂ			ㅍ		입학（入学）	→ [이팍]
ㅈ			ㅊ		잊혀지다（忘れられる）	→ [이쳐지다]

3．濃音化

①パッチム［ㄱ,ㄷ,ㅂ］の後に来る平音「ㄱ,ㄷ,ㅂ,ㅅ,ㅈ」は、濃音に変わります。

		ㄱ		ㄲ		학교（学校）	→ [학꾜]
ㄱ		ㄷ		ㄸ		입다（着る）	→ [입따]
ㄷ	+	ㅂ	→	ㅃ	⇒	국밥（クッパ）	→ [국빱]
ㅂ		ㅅ		ㅆ		식사（食事）	→ [식싸]
		ㅈ		ㅉ		숙제（宿題）	→ [숙쩨]

②パッチム「ㄴ,ㄹ,ㅁ,ㅇ」の後に来る平音「ㄱ,ㄷ,ㅂ,ㅅ,ㅈ」は、濃音に変わります。

		ㄱ		ㄲ		인기（人気）	→ [인끼]
ㄴ		ㄷ		ㄸ		발달（発達）	→ [발딸]
ㄹ	+	ㅂ	→	ㅃ	⇒	비빔밥（ビビンバ）	→ [비빔빱]
ㅁ		ㅅ		ㅆ		손수건（ハンカチ）	→ [손쑤건]
ㅇ		ㅈ		ㅉ		발전（発展）	→ [발쩐]

③漢字語において、パッチム「ㄹ」の後に「ㄷ,ㅅ,ㅈ」が続くと、濃音化されます。
일시（日時）→ [일씨]、발전（発展）→ [발쩐]、열심히（熱心に）→ [열씨미]

④合成語の場合は後ろの単語の初声「ㄱ,ㄷ,ㅅ,ㅈ」が濃音化されます（合成語における濃音化）。
다섯시（5時）→다섣씨、손수건（ハンカチ）→ [손쑤건]、숫자（数字）→ [숟짜]

⑤「～（으）ㄹ」連体形の直後の「ㄱ, ㄷ, ㅂ, ㅅ, ㅈ」は濃音化されます。
갈 거예요（行くつもりです）→ [갈꺼예요]、갈 수 있어요（行けます）→ [갈쑤이써요]

⑥接尾辞の濃音化
내과（内科）→ [내꽈]、장점（長所）→ [장쩜]、사건（事件）→ [사껀]

4．流音化

パッチム「ㄴ」の次に「ㄹ」が来たり、逆にパッチム「ㄹ」の次に「ㄴ」が来ると、[ㄹ＋ㄹ] と発音されます。

$$\begin{bmatrix} ㄴ \\ ㄹ \end{bmatrix} + \begin{bmatrix} ㄹ \\ ㄴ \end{bmatrix} \rightarrow \begin{bmatrix} ㄹ \\ ㄹ \end{bmatrix} \Rightarrow$$ 연락（連絡）→ [열락]　실내（室内）→ [실래]

5．鼻音化

①パッチム「ㄱ,ㄷ,ㅂ」の次に「ㄴ,ㅁ」が来ると、パッチムの発音が「ㅇ,ㄴ,ㅁ」の音に変わります（口音の鼻音化）。

$$\begin{bmatrix} ㄱ \\ ㄷ \\ ㅂ \end{bmatrix} + \begin{bmatrix} ㄴ \\ ㅁ \end{bmatrix} \rightarrow \begin{bmatrix} ㅇ \\ ㄴ \\ ㅁ \end{bmatrix} \Rightarrow$$ 학년（学年）→ [항년]　거짓말（嘘）→ [거진말]　합니다（します）→ [함니다]

②パッチム「ㅁ,ㅇ」の次に「ㄹ」が来ると「ㄹ」は「ㄴ」と発音されます（流音の鼻音化）。

$$\begin{bmatrix} ㅁ \\ ㅇ \end{bmatrix} + ㄹ \rightarrow ㄴ \Rightarrow$$ 심리（心理）→ [심니]　정류장（バス停）→ [정뉴장]

③パッチム「ㄱ,ㄷ,ㅂ」の次に「ㄹ」が来ると、「ㅇ,ㄴ,ㅁ」＋「ㄴ」と発音されます（口音の鼻音化＋流音の鼻音化）。

$$\begin{bmatrix} ㄱ \\ ㄷ \\ ㅂ \end{bmatrix} + ㄹ \rightarrow \begin{bmatrix} ㅇ \\ ㄴ \\ ㅁ \end{bmatrix} + ㄴ \Rightarrow$$ 학력（学力）→ [항녁]　국립（国立）→ [궁닙]　수업료（授業料）→ [수엄뇨]

6．口蓋音化

「ㄷパッチム＋이」は「지」、「ㅌパッチム＋이」は「치」と発音される。

$$\begin{bmatrix} ㄷ \\ ㅌ \end{bmatrix} + 이 \rightarrow \begin{bmatrix} 지 \\ 치 \end{bmatrix} \Rightarrow$$ 굳이（あえて）→ [구지]　같이（一緒に）→ [가치]

7. 頭音法則

「ㄹ」は第一音節の初声には用いません。

신라(新羅) ― 나열(羅列)　　　근로(勤労) ― 노동(労働)

경력(経歴) ― 역사(歴史)　　　자료(資料) ― 요리(料理)

물리(物理) ― 이론(理論)　　　남녀(男女) ― 여자(女子)

8.「ㄴ」音の添加

主に合成語の場合、パッチムの後に「야, 여, 요, 유, 이」が来ると「ㄴ」が添加され「냐, 녀, 뇨, 뉴, 니」と発音されます。このとき前の語のパッチムが「ㄹ」で終わる場合、流音化して「랴, 려, 료, 류, 리」になります。

パッチム +			야 → 냐	한방약 (漢方薬)	→ [한방냑]
			여 → 녀	부산역 (プサン駅)	→ [부산녁]
		⇒	요 → 뇨	어른요금 (大人料金)	→ [어른뇨금]
			유 → 뉴	동유럽 (東ヨーロッパ)	→ [동뉴럽]
			이 → 니	옛이야기 (昔話)	→ [옌니야기]

8 韓日単語帳

ㄱ

가게 …… 店
가격 …… 値段、価格
가깝다 …… 近い
가다 …… 行く
가르치다 …… 教える
가방 …… カバン
가볍다 …… 軽い
가수 …… 歌手
가져오다 …… 持ってくる
가족 …… 家族
가지고 가다 …… 持っていく
간단하게 …… 簡単に
간단하다 …… 簡単だ
간직하다 …… (大切に)保管する
갈아타다 …… 乗り換える
감기 …… 風邪
감기약 …… 風邪薬
감동적이다 …… 感動的だ
감상 …… 鑑賞
갑자기 …… 急に
값이 비싸다 …… 値段が高い
갔다오다 …… 行って来る
강하다 …… 強い
같다 …… 同じだ
같이 …… 一緒に
거울 …… 鏡
걱정(이) 되다 …… 心配になる、気になる
걱정하다 …… 心配する
건강 …… 健康
건강하다 …… 健康だ
건너다 …… 渡る
건물 …… 建物
걷다 …… 歩く
걸다 …… 掛ける
걸리다 …… 掛かる
걸어서 …… 歩いて
것 …… もの
게임 …… ゲーム
겨울 …… 冬
결혼하다 …… 結婚する
경주불국사 …… 慶州仏国寺(地名)
계시다 …… いらっしゃる
계약 …… 契約
계획 …… 計画
계획을 세우다 …… 計画を立てる
고궁 …… 故宮
고기 …… 肉
고르다 …… 選ぶ
고맙다 …… 有り難い
고백하다 …… 告白する
고속버스 …… 高速バス
고속철도 …… KTX(韓国の高速鉄道)
고프다 …… お腹が空く
고향 …… 故郷
곳 …… 所、場所
공무원 …… 公務員
공부하다 …… 勉強する
공원 …… 公園
공항 …… 空港
공항철도 …… 空港鉄道
-과 …… ～と
과일 …… 果物
관광명소 …… 観光名所
관광버스 …… 観光バス
관심 …… 関心
괜찮다 …… 大丈夫だ
교실 …… 教室
교통카드 …… 交通カード
구경(을) 하다 …… 見物する
구름 …… 雲
구워 먹다 …… 焼いて食べる
국제특급우편 …… EMS(国際特急郵便)
굽다 …… 焼く
귀국하다 …… 帰国する
귀엽다 …… 可愛い
그 때 …… その時
그 분 …… その方
그래요? …… そうですか
그런데 …… ところで、ところが
그럼 …… では、それでは
그렇다 …… そうだ
그리다 …… 描く
그만두다 …… やめる
근처 …… 近所、近く、辺り
글쎄요 …… そうですね
급하다 …… 急だ
긋다 …… (線を)引く
기념품 …… 記念品
기다리다 …… 待つ
기르다 …… 飼う、育てる
기분이 좋다 …… 気分が良い
기쁘다 …… 嬉しい
기숙사 …… 寮、寄宿舎
기자 …… 記者
기침 …… 咳
기타를 치다 …… ギターを弾く
긴장하다 …… 緊張する
길 …… 道
길다 …… 長い
길이 막히다 …… 道が混む、渋滞する
김치만두 …… キムチ餃子
까맣다 …… 黒い
-까지 …… ～まで
깎다 …… 削る、値切る
깨끗이 …… きれいに
깨끗하다 …… きれいだ
깨닫다 …… 悟る
-께 …… ～に
-께서는 …… ～は
꼭 …… 必ず、きっと
꽃 …… 花
꽤 …… かなり
꿈 …… 夢
끄다 …… 消す
끊다 …… 止める
끌다 …… 引く、引っ張る
끝나다 …… 終わる
끝내다 …… 終わらせる

ㄴ

나가다 …… 出る、出ていく
나누다 …… 分ける
나누어지다 …… 分かれている
나무 …… 木、樹木
나쁘다 …… 悪い
나아지다 …… よくなる
나오다 …… 出る、出てくる
낚시 …… 釣り
-날 …… ～日
날다 …… 飛ぶ
날씨 …… 天気
날씨가 좋다 …… 天気が良い
날씬하다 …… スリムだ、しなやかだ
남극 …… 南極
남기다 …… 残す
남다 …… 余る、残る
남대문시장 …… 南大門市場
남동생 …… 弟
남산서울타워 …… 南山ソウルタワー

남자친구	ボーイフレンド	닦다	拭く、磨く	등산	山登り、登山
남해독일마을	南海ドイツ村(地名)	닫다	閉める	등산(을) 가다	登山に行く
낫다	治る	달다	甘い、吊るす	디저트	デザート
낮다	低い	달라지다	異なる、変わる	따뜻하다	暖かい、温かい
내	私の	달력	カレンダー	따르다	従う、注ぐ
내기(를) 하다	かけをする	달리기	かけっこ	따분하다	つまらない
내년	来年	달리다	走る	딸기	イチゴ
내다보이다	見える、見渡される	닮다	似る	–때	～時
내달	来月	담배	タバコ	떠나다	発つ、離れる
내리다	降りる	답	答え	떠들다	騒ぐ
내일	明日	답이 맞다	答えが合う	떨어지다	落ちる
냉면	冷麺	대단히	すごく、非常に	또	また
냉장고	冷蔵庫	대표	代表	똑같다	まったく同じだ
너무	とても	대학생	大学生	뛰놀다	飛び回る、跳ね回る
넓다	広い	대회	大会	뛰다	駆ける、跳ぶ
넘다	超える、超す	더	もっと	뜻깊다	意味深い
넣다	入れる	더럽다	汚い		
–년	～年	덕분에	お陰で	**ㄹ**	
노랗다	黄色い	덥다	暑い	라면	ラーメン
노래	歌	도깨비	鬼	라인	LINE
노래방	カラオケ	도보	徒歩		
노래하다	歌う	도서관	図書館	**ㅁ**	
노선도	路線図	도와 주다	手伝ってあげる	마당	庭
놀다	遊ぶ	도착하다	到着する	마라톤	マラソン
놀라다	驚く	독서	読書	마라톤 대회	マラソン大会
높다	高い	돈을 바꾸다	両替する	마르다	乾く
놓다	置く	돈을 쓰다	お金を使う	마시다	飲む
놓이다	置かれる	돈을 찾다	お金をおろす	마을버스	コミュニティーバス
누가	誰が	돌다	回る、回転する	마음에 들다	気に入る
누구	誰	돌아가다	帰る、回って行く	막	たった今
누르다	押す	돕다	手伝う、助ける	–만	～だけ、～ばかり、～のみ
눈	雪、目	동대문시장	東大門市場	만나다	会う
눈물	涙	동물원	動物園	만들다	作る
눈물이 나다	涙が出る	동아리	サークル	만지다	触る
눈이 내리다	雪が降る	동창	同級生	만화책	漫画、コミックブック
눕다	横になる	되다	なる	많다	多い
느리다	遅い	두 번	二回、二度	많이	多く、たくさん
늦다	遅い、遅れる	두통	頭痛	말로 하면	言葉で言えば
		둘러 보다	見て回る、見回す	말하다	話す
ㄷ		드라마	ドラマ	맑다	晴れる
다	すべて、全部	드레스	ドレス	맛보다	味わう
다녀오다	行ってくる	드리다	差し上げる	맛없다	まずい
다니다	通う	드물다	稀だ	맛있다	美味しい
다르다	違う	드시다	召し上がる	맞다	合う、正しい、当たる
다리가 아프다	足が痛い	듣다	聞く	맡다	預かる、引き受ける
다음 달	来月	들다	(手に)持つ	매다	締める
다음 주	来週	들려주다	聞かせる	매일	毎日
다치다	怪我する	들어가다	入る、立ち入る	매일 아침	毎朝
다행이다	幸いだ	등기우편	書留郵便	맵다	辛い

맵지 않다 …………… 辛くない
머리가 길다 … 髪が長い、髪が伸びる
머리를 자르다 ……… 髪を切る
먹다 ………………… 食べる
멀다 ………………… 遠い
멋있다 ……………… 格好いい
멋지다 … 素敵だ、素晴らしい、見事だ
메이크업 ………… メーキャップ
메일 ………………… メール
면세점 ……………… 免税店
명동 ……………… 明洞(地名)
명함 ………………… 名刺
몇 시 ……………… 何時
모델 ………………… モデル
모두 ……………… すべて、全部
모레 ………………… あさって
모르다 …… 分からない、知らない
모으다 ……………… 集める
모자 ………………… 帽子
모자라다 …………… 足りない
몸 …………………… 体
몸에 좋다 ………… 体に良い
무겁다 ……………… 重い
무덥다 ……………… 蒸し暑い
무슨 ………………… 何の
무인도 ……………… 無人島
무지개 ……………… 虹
무척 …………… とても、非常に
묵다 ………………… 泊まる
문을 닫다 ……… ドアを閉める
문화 ………………… 文化
묻다 …… 尋ねる、聞いてみる、聞く
물 …………………… 水
물건 …………… 品物、物
물다 ………………… 噛む
물론이다 ………… もちろんだ
물론이죠 ………… もちろんです
물어보다 … 尋ねる、聞いてみる
뭐 …………………… 何
미스터리 소설책 … ミステリー小説
미안하다 … 済まない、申し訳ない
미용실 ……………… 美容室
믿다 ………………… 信じる
밉다 …………… 憎い、醜い

ㅂ

바뀌다 ……………… 変わる
바다 ………………… 海
바닷가 ……………… 海辺

바람 ………………… 風
바람이 강하다 …… 風が強い
바람이 불다 ……… 風が吹く
바르다 ……………… 塗る
바쁘다 ……………… 忙しい
−밖에 ……………… 〜しか
반년 ………………… 半年
받다 … 受ける、受け取る、もらう
발 …………………… 足
발급 ………………… 発給
발급(을) 받다
… 発給を受ける、発給してもらう
발음 ………………… 発音
발이 아프다 ……… 足が痛い
발표 준비 ………… 発表準備
밝다 ………………… 明るい
밤새 …………… 一晩中
방 …………………… 部屋
방학 ………………… 休み
배 …………………… お腹
배가 고프다 …… お腹が空く
배가 아프다 …… お腹が痛い
배우 ………………… 俳優
배우다 …………… 習う、学ぶ
백화점 ……………… デパート
버리다 ……………… 捨てる
버스 ………………… バス
−번 ………………… 〜番
번개 ………………… 稲妻
번역 ………………… 翻訳
벌다 ………………… 稼ぐ
벌써 …………… もう、すでに
벗다 ………………… 脱ぐ
벚꽃 …………… 桜、桜の花
벽 …………………… 壁
변하다 ……………… 変わる
병원 ………………… 病院
보내다 ……………… 送る
보다 ………………… 見る
보물찾기 ………… 宝探し
보안검사 ………… 保安検査
보증금 ……………… 保証金
보통 ………………… 普通
보험 ………………… 保険
복이 오다 ……… 福が来る
복잡하다 ………… 複雑だ
볶다 ………………… 炒める
볼펜 …………… ボールペン
부끄럽다 ………… 恥ずかしい

부대찌개 …… プデチゲ(韓国の鍋)
부동산중개사 …… 不動産仲介者
부드럽다 ………… やわらかい
부르다 …………… 歌う、呼ぶ
부모님 ……………… 両親
부치다 … 送る、届ける、出す
−부터 ……………… 〜から
−분 ………………… 〜分
분류되다 ………… 分類される
분야별 ……………… 分野別
불다 ………………… 吹く
불만 ………………… 不満
불을 켜다 …… 電気をつける
붓다 …………… 注ぐ、腫れる
붙이다 ……………… 貼る
비가 오다 ……… 雨が降る
비다 ………………… 空く
비빔냉면 ……… ビビン冷麺
비빔밥 …………… ビビンバ
비상구 ……………… 非常口
비슷하다 ………… 似ている
비싸다 ……………… 高い
비자 ………………… ビザ
비행기 ……………… 飛行機
빈자리 ……………… 空席
빌다 ………………… 祈る
빌리다 ……………… 借りる
빠르다 ……………… 速い
빨다 …………… 洗濯する、洗う
빨래 ………………… 洗濯
빨리 ………………… 早く
빵 …………………… パン

ㅅ

사건 ………………… 事件
사다 ………………… 買う
사람 ………………… 人
사람들 ……………… 人々
사용하다 ……… 使用する、使う
사진 ………………… 写真
사진을 찍다 …… 写真を撮る
사진찍기 ……… 写真を撮ること
살고 싶다 ……… 住みたい
살다 ………………… 住む
삼겹살 ………… サムギョプサル
삼계탕 …………… サムゲタン
상냥하다 … にこやかだ、優しい
새로 …………… 新しく、新たに
새집 …………… 新しい家、新宅

색깔 ……………… 色、色彩
생각(이) 나다 …思い出す、考えつく
생각보다 ……… 思ったより
생각하다 ……… 考える、思う
생기다 ……… できる、生じる
생일 선물 ……… 誕生日プレゼント
생일파티 ……… 誕生日パーティー
생활 ……………… 生活
샴푸 ……………… シャンプー
서다 ……………… 立つ
서두르다 ……… 急ぐ
서류 ……………… 書類
서비스 ……………… サービス
서울 ……………… ソウル
서재 ……………… 書斎
서점 ……………… 書店
서투르다 ……… 下手だ
섞다 ……………… 混ぜる
선물 ……………… プレゼント
선배 ……………… 先輩
선생님 ……………… 先生
선수 ……………… 選手
선편 ……………… 船便
설명 ……………… 説明
설탕 ……………… 砂糖
세관 ……………… 税関
세탁기 ……………… 洗濯機
소개하다 ……… 紹介する
소나기 ……… 夕立、にわか雨
소설책 ……… 小説、小説の本
소식 ……………… 便り
소파 ……………… ソファー
소포 ……………… 小包
소풍 ……………… 遠足
소화 ……………… 消化
소화가 되다 …… 消化できる
손 ………………… 手
손님 ……………… お客さん
손수건 ……………… ハンカチ
손을 씻다 ……… 手を洗う
손톱 손질 ……… ネイルケア
솜씨 ……………… 腕前
쇼핑을 하다 …ショッピングをする
수속 ……………… 手続き
수업 ……………… 授業
수영(을)하다 … 水泳をする、泳ぐ
수정과 …スジョングァ(韓国の飲み物)
수첩 ……………… 手帳
수필 ……………… エッセイ

숙제 ……………… 宿題
술 ………………… 酒
쉬는 날 ……………… 休日
쉬다 ……………… 休む
쉽다 ……………… 易しい
스마트폰 ……… スマートフォン
스키야키 ……… すき焼き
스트레스를 풀다
　　……… ストレスを解消する
스파게티 ……… スパゲッティ
슬프다 ……………… 悲しい
습관 ……………… 習慣
시간 ……………… 時間
시간이 걸리다…… 時間がかかる
시간이 없다 …… 時間がない
시간이 있다 …… 時間がある
시계 ……………… 時計
시금치 ……… ほうれん草
시내버스 ……… 市内バス
시외버스 ……… 市外バス
시원하다 ……… 涼しい
시장 ……… 市場、市長
시키다 ……… 注文する、させる
식당 ……………… 食堂
식사(를) 하다 …… 食事する
식혜 ……… シッケ(韓国の飲み物)
신간 서적 ……… 新刊書籍
신나다 ……………… 浮かれる
신다 ……………… 履く
신메뉴 ……… 新メニュー
신문 ……………… 新聞
신발 ……… くつ、履物
신용카드 ……… クレジットカード
실내 ……………… 室内
실은 ……… 実は、本当に
싫다 ……… 嫌だ、厭わしい
심다 ……………… 植える
심심하다 ……… 退屈だ
십 분 ……………… 10分
싸게 ……………… 安く
싸다 ……… (値段が)安い
썰다 ……………… 切る
쓰다 ……… 書く、使う
쓰레기 ……………… ゴミ
쓰레기통 ……… ゴミ箱
－씨 ……………… ～さん
－씩 ……………… ～ずつ
씻다 ……………… 洗う

ㅇ

아니오 ……………… いいえ
아뇨 ……………… いいえ
아르바이트 ……… アルバイト
아르바이트를 하다
　　……… アルバイトをする
아름답다 ……………… 美しい
아마 ……… 多分、おそらく
아이스크림 ……… アイスクリーム
아주 ……………… とても
아주머니 ……………… おばさん
아직 ……………… まだ
아침 ……………… 朝
안 ……………… 中、内
안경 ……………… 眼鏡
안다 ……………… 抱く
안심이다 ……………… 安心だ
안전벨트 ……… シートベルト
안전하다 ……………… 安全だ
앉다 ……………… 座る
알다 ……… 分かる、知る
알려 주다 ……………… 知らせる
애인 ……………… 恋人
야경 ……………… 夜景
야채 ……………… 野菜
약 ………………… 薬
약속 ……………… 約束
약을 먹다 ……… 薬を飲む
약을 바르다 ……… 薬を塗る
양배추 ……………… キャベツ
양이 많다 ……… 量が多い
얘기(를) 하다 ……… 話をする
어느 정도 …おおよそ、ある程度
어둡다 ……………… 暗い
어디 ……………… どこ
어디서 ……………… どこで
어때요? ……… どうですか
어떤 ……………… どんな
어떻게 ……… どのように
어떻다 ……………… どうだ
어렵다 ……………… 難しい
어리다 ……………… 幼い
어리석다 ……………… 愚かだ
어서 오다 ……… いらっしゃる
어울리다 ……………… 似合う
어제 ……………… 昨日
어학연수 ……… 語学研修
언덕 ……………… 丘
언제 ……………… いつ

얼굴	顔
얼다	凍る
얼마	いくら、どれほど
얼마 안 되다	日が浅い
얼마나	いくら、どれくらい
없다	ない、いない
에베레스트산	エベレスト山
-에서는	～では
여권	パスポート
여기	ここ
여기서	ここで
여기저기	あちこち
여름	夏
여름방학	夏休み
여유	余裕
여태	今まで、今になっても
여행	旅行
여행(을) 하다	旅行をする
여행(을) 가다	旅行に行く
여행하기	旅行をすること
역	駅
연락하다	連絡する
연예인	芸能人
연주회	演奏会
연필	鉛筆
연휴	連休
열다	開ける、開く
열리다	開く、実る
열심히	熱心に、一生懸命
염색	色染め
영국	イギリス、英国
영어 신문	英字新聞
영화	映画
영화보기	映画を見ること
예금	預金
예쁘다	きれいだ
예정	予定
오늘	今日
오다	来る
오르다	上がる、登る
오빠	お兄さん
오전	午前
오후	午後
온천	温泉
올라가다	上る、登る
올해	今年
옷	服
와인	ワイン
왜	なぜ

외우다	覚える、暗記する
요가	ヨガ
요리	料理
요리(를) 하다	料理する
요리책	料理の本、レシピ本
요즘	最近、今頃
용기	勇気
용기가 없다	勇気がない
우리	私たち、我々
우산	傘
우산을 쓰다	傘をさす
우승하다	優勝する
우체국	郵便局
우체국쇼핑	ふるさと小包
운동	運動
운동(을) 하다	運動する
운동회	運動会
운전	運転
운전면허	運転免許
운전하다	運転する
울다	泣く
울리다	鳴り響く
웃다	笑う
원룸	ワンルーム
월세	家賃
월요일	月曜日
위	上
유학	留学
유행하다	流行する、流行る
은사님	恩師
은행	銀行
음	うーん(感嘆詞)
음식	食べ物、料理
음악	音楽
음악듣기	音楽を聞くこと
음악을 듣다	音楽を聞く
음악회	音楽会
응원하다	応援する
의사	医者
의자	椅子
이	この
이곳저곳	あちこち
이기다	勝つ
-이다	～だ、～である
이달 말	今月末
-이랑	～と
이런 날	このような日
이렇게	このように
이렇다	こうだ

이를 닦다	歯を磨く
이름	名前
이번	今回、今度
이번 달	今月
이번 주말	今週末
이사(를) 가다	引っ越しする
이야기(를) 하다	話す、話をする
이용하다	利用する
이쪽저쪽	あちらこちら
인사동	仁寺洞(地名)
인천공항	仁川空港
인천국제공항	仁川国際空港
인터넷	インターネット
인턴	インターン
인형	人形
일	こと、仕事
일기를 쓰다	日記を書く
일년	一年
일본 사람	日本人
일어나다	起きる
일요일	日曜日
일주일	一週間
일찍	早く
일하다	働く
읽다	読む
잃어버리다	失くしてしまう、失う
입국심사	入国審査
입다	着る
잇다	継ぐ
있다	ある、いる
잊다	忘れる
잊어버리다	忘れてしまう

ᄌ

자격증	資格証
자꾸	しきりに、何度も
자다	寝る
자르다	切る、断つ
자리	席
자원봉사	ボランティア
자전거	自転車
자주	よく、しょっちゅう
자취	自炊
작년	昨年、去年
작다	小さい
잔디	芝生
잘	よく、上手に、うまく
잘되다	よくできる、うまく行く

잘못하다 ········· 間違える、謝る
잘살다 ············· 元気で暮らす
잘하다 ············· 上手い、上手だ
잠깐만 기다리다
　　········· ちょっとだけ待つ
잠들다 ············· 眠る、寝入る
잠바 ··············· ジャンパー
잠을 자다 ········· 寝る
잠이 오다 ········· 眠い、眠くなる
잡다 ··············· つかむ
잡지 ··············· 雑誌
장미꽃 ············· バラの花
장을 보다
　　···(市場に行って)買い物をする
재미없다 ··········· 面白くない
재미있다 ··········· 面白い
재산 ··············· 財産
저기 ··············· あそこ
저녁 ··············· 夕方、夕食
저렇다 ············· ああだ
적다 ··········· 書く、少ない
전부 ··········· 全部、すべて
전에 ··············· 前に
전주비빔밥 ········· 全州ビビンバ
전철 ··········· 電車、電鉄
전혀 ··········· 全然、全く
전화를 걸다 ······· 電話をかける
전화번호 ··········· 電話番号
전화하다 ··········· 電話する
젊다 ··············· 若い
점수 ··············· 点数
점심 ··········· 昼、昼食
점점 ··········· だんだん、ますます
접다 ··············· 畳む
젓다 ··············· かき混ぜる
정리되다 ··········· 整理される
정말 ··········· 本当に、とても
정신이 없다
　········· 落ち着かないでいる、
　　　　何が何だか分からない
제 ················· 私の
제 것 ············· 私のもの
제주도 ············· 済州島
조금 ··············· 少し
조깅을 하다 ··· ジョギングをする
조명 ··············· 照明
조심하다 ··········· 気を付ける
조용하다 ··········· 静かだ
졸다 ········· 居眠る、居眠りする

졸업여행 ··········· 卒業旅行
졸업하다 ··········· 卒業する
좀 ··········· 少し、ちょっと
좁다 ··············· 狭い
종류 ··············· 種類
좋다 ··············· 良い
좋아지다 ··········· 良くなる
좋아하다 ··········· 好きだ
좌석 ··············· 座席
좌우 ··············· 左右
죄송하다 ··········· 申し訳ない
주간지 ············· 週刊誌
주다 ··········· あげる、くれる
주말 ··············· 週末
주부 ··············· 主婦
주소 ··············· 住所
주인아주머니 ······· 大家さん
준비 ··············· 準備
준비(를) 하다 ······· 準備する
줄(을) 서다 ········· 並ぶ
중요하다 ··········· 重要だ
즐겁다 ············· 楽しい
즐기다 ············· 楽しむ
지갑 ··············· 財布
지금 ··············· 今
지금까지 ····· これまで、今まで
지금쯤 ············· 今頃
지나다 ··········· 過ぎる、経つ
지난달 ············· 先月
지내다 ········· 過ごす、暮らす
지도 ··············· 地図
지루하다 ··· じれったい、あきあきだ
지식 ··············· 知識
지키다 ············· 守る
지하철 ············· 地下鉄
지하철역 ··········· 地下鉄の駅
직불카드 ········· デビットカード
질문 ··············· 質問
짐 ··············· 荷物
짐을 들다 ········· 荷物を持つ
짐을 부치다 ······· 荷物を送る
짐을 찾다 ······· 荷物を受け取る
짐이 많다 ········· 荷物が多い
집 ··············· 家
짓다 ··············· 建てる
짧게 ··············· 短く
-쯤 ··············· 〜頃
찍다 ··············· 撮る

차 ················· 車
차다 ··············· 冷たい
착하다 ········· 優しい、善良だ
참 ··········· とても、本当に
참다 ··············· 我慢する
창문 ··············· 窓
창문을 열다 ······· 窓を開ける
찾다 ··············· 探す
책 ················· 本
책상 ··············· 机
처음 ··············· 初めて
천둥 ··············· 雷
천천히 ············· ゆっくり
청소 ··············· 掃除
청소(를) 하다 ······· 掃除する
초대받다 ··········· 招待される
초대하다 ··········· 招待する
초등학생 ··········· 小学生
최고 ··············· 最高
추가되다 ··········· 追加される
추억 ··············· 思い出
추억만들기 ········· 思い出作り
추천 ··············· 推薦
추천 도서 ········· 推薦図書
축제 ··············· 祭り
축하하다 ······· 祝う、祝賀する
출구 ··············· 出口
출국장 ····· 出国ゲート、出国場
출전하다 ··········· 出場する
출판사 ············· 出版社
충전카드 ········· チャージカード
취미 ··············· 趣味
취업 ··········· 就業、就活
취업준비 ··········· 就活準備
치과 ··············· 歯科
친구 ··············· 友達
친구들 ············· 友達ら
친절하다 ··········· 親切だ
친하다 ············· 親しい

캐럴송 ········· キャロルソング
커지다 ············· 大きくなる
커트 ··············· カット
커피 ··············· コーヒー
컴퓨터 ··········· コンピューター
컵 ················· コップ
컵라면 ········· カップラーメン

켜지다 ……………… 点く、ともる
콧물 …………………… 鼻水
크게 …………………… 大きく
크다 …………………… 大きい
크리스마스 ………… クリスマス
큰 소리 ……… 大声、大きな声

ㅌ

타는 게 …… 乗ることが、乗るのが
타다 …………………… 乗る
타워 …………………… タワー
탑승권 ………………… 搭乗券
탑승수속 …………… 搭乗手続き
태권도 ……………… テコンドー
태풍 …………………… 台風
택배 …………………… 宅配
택시 ………………… タクシー
털다 ……………… はたく、払う
텔레비전 …………… テレビ
토요일 ……………… 土曜日
통장 …………………… 通帳
트위터 …………… ツイッター

ㅍ

파랗다 ………………… 青い
파마 …………………… パーマ
파스타 ………………… パスタ
판다 …………………… パンダ
팔다 …………………… 売る
팥빙수 ……………… かき氷
편리하다 ……………… 便利だ
편의점 ……………… コンビニ
편하다 ………………… 楽だ
푹 ……………………… ぐっすり
풍속 …………………… 風俗
풍습 …………………… 風習
플레잉카드 ………… トランプ
피곤하다 ……………… 疲れる
피다 …………………… 咲く
피부 맛사지 ……… 肌マッサージ
피아노를 치다 …… ピアノを弾く
피우다 ………… 吸う、炊く
피자 ………… ピザ、ピッツァ
필요 …………………… 必要
필요하다 ……………… 必要だ

ㅎ

-하고 ………………… ～と
하나도 ……………… 一つも

하늘 …………………… 空
하다 …………………… する
하루 …………………… 一日
하숙집 ………………… 下宿
하얗다 ………………… 白い
하와이 ………………… ハワイ
학교 …………………… 学校
학생 …………………… 学生
한 달 ………………… 一か月
한 시간 ……………… 一時間
한 잔 ………………… 一杯
한가하다 …… 暇だ、忙しくない
한국 …………………… 韓国
한국어 ……………… 韓国語
한국음악 …………… 韓国音楽
한번 ……………… 一度、一回
한번도 ……………… 一度も
한복 …………………… 韓服
한자 …………………… 漢字
한정식 ……………… 韓定食
할인카드 ………… 割引カード
합격 …………………… 合格
합격하다 …………… 合格する
해외여행 …………… 海外旅行
햄버거 …………… ハンバーガー
햄버거먹기대회
　……ハンバーガー大食い大会
행복하다 …………… 幸せだ
험하다 ………………… 険しい
헤어지다 …………… 別れる
형제 …………………… 兄弟
혼자서 ……………… 一人で
홍차 …………………… 紅茶
화장실 …… お手洗い、トイレ
화장지 … トイレットペーパー
확인하다 …………… 確認する
후식 ………………… デザート
후에 …………………… 後に
후지산 ……………… 富士山
휴가 …………………… 休暇
휴가 중이다 ……… 休暇中だ
휴일 …………………… 休日
휴일이다 …………… 休日だ
흐르다 ……………… 流れる
흐리다 ………………… 曇る
흔들다 ………… 振る、揺さぶる
힘들다 ……… 大変だ、苦労する
힘세다 ……………… 力強い

著者紹介
朴美子（パク ミジャ）　熊本大学文学部教授
崔相振（チェ サンジン）　熊本大学多言語文化総合教育センター 特定事業教員

―――――――――――――――――――――――――――
グループで
楽しく学ぼう！ 韓国語２
―――――――――――――――――――――――――――

検印
省略　　　　© 2022 年 1 月 30 日　　第 1 版 発 行

著者　　　　　　　　　　　　　朴　美　子
　　　　　　　　　　　　　　　崔　相　振

発行者　　　　　　　　　　　　原　　雅　久
発行所　　　　　　株式会社 朝 日 出 版 社
　　　　　〒101-0065 東京都千代田区西神田 3-3-5
　　　　　　　電話 (03) 3239-0271・72（直通）
　　　　　　　http://www.asahipress.com/
　　　　　　振替口座　東京　00140-2-46008
　　　　　　　　明昌堂／信毎書籍印刷

乱丁，落丁本はお取り替えいたします
ISBN978-4-255-55694-9 C1087